理解学生

中小学教师如何开展学生学习研究（实践篇）

王 韵 张雅倩 著

华东师范大学出版社
·上海·

图书在版编目(CIP)数据

理解学生:中小学教师如何开展学生学习研究. 实践篇/王韵,张雅倩著. —上海:华东师范大学出版社,2025. —ISBN 978 - 7 - 5760 - 6279 - 3

Ⅰ. G632.0

中国国家版本馆 CIP 数据核字第 2025VD6141 号

理解学生:中小学教师如何开展学生学习研究(实践篇)

著　者　王　韵　张雅倩
责任编辑　彭呈军
特约审读　单敏月
责任校对　廖钰娴　时东明
装帧设计　郝　钰

出版发行　华东师范大学出版社
社　　址　上海市中山北路 3663 号　邮编 200062
网　　址　www.ecnupress.com.cn
电　　话　021 - 60821666　行政传真 021 - 62572105
客服电话　021 - 62865537　门市(邮购)电话 021 - 62869887
地　　址　上海市中山北路 3663 号华东师范大学校内先锋路口
网　　店　http://hdsdcbs.tmall.com

印　刷　者　上海邦达彩色包装印务有限公司
开　　本　787 毫米×1092 毫米　1/16
印　　张　14.5
字　　数　222 千字
版　　次　2025 年 7 月第 1 版
印　　次　2025 年 7 月第 1 次
书　　号　ISBN 978 - 7 - 5760 - 6279 - 3
定　　价　52.00 元

出版人　王　焰

(如发现本版图书有印订质量问题,请寄回本社客服中心调换或电话 021 - 62865537 联系)

上海市教育科学研究一般项目

"教师的学生学习研究：内容建构与方法应用"(编号：C2022135)研究成果

前　言

　　教育是一场温暖的双向奔赴,教师的使命不仅在于传授知识,更在于读懂学生的成长密码。在教育改革向纵深推进的今天,我们比任何时候都更需要回归教育本质——真正理解学生。如果说《理解学生:中小学教师如何开展学生学习研究(通识篇)》一书为教师理解学生学习研究提供了系统性的知识框架,那么《理解学生:中小学教师如何开展学生学习研究(实践篇)》则是前者在真实教育场景中的落地呈现。实践篇聚焦教师在学生学习研究中的现实困境与突破路径,研究团队以“问题导向—研修支持—案例示范—技术赋能”为主线,试图搭建一座连接理论与实践的桥梁,为教师们提供深入开展学生学习研究的实践指南,助力教师从“经验型教学”走向“研究型实践”,在教育之路上更好地理解学生、成就学生。

　　第一章从“问题导向”切入,通过大量调研数据还原教师开展学生学习研究的真实图景,揭示教师在学生学习研究中的认知偏差、实践瓶颈与发展诉求,剖析背后的深层原因,并基于实践提出针对性策略,让研究回归解决真实问题的原点,也为后续章节锚定了精准的实践靶点。

　　教师的专业成长需要系统的研修支持。第二章围绕“研修支持”展开,以课程建设为核心,从理论基础的构建到课程开发、实施、评价的全流程设计,为教师打造提升学生学习研究能力的“脚手架”。我们希望构建一套科学、系统且具有可操作性的研修课程体系,帮助教师在专业成长的道路上不断汲取养分,掌握学生学习研究的方法与策略。

　　纸上得来终觉浅,绝知此事要躬行。第三章“案例解析”板块,从内容研究与方法应用两个维度,精选来自不同学科、不同教学场景的实践案例,真实地展现了来自教育教学一线的教师们在学生学习研究过程中的探索与创新,为广大教师提供了可借鉴的实践经验。

站在人工智能与教育深度融合的时代节点,第四章聚焦"智能赋能",探讨技术如何重构学生学习研究的范式,展示了人工智能在教育场景中的多元应用和具体实践。我们期待,教师能善用技术工具,让研究更精准、更高效,让教育更有温度。

　　教育的本质是理解与唤醒。当教师以研究者的视角重新审视课堂,学生的每一个困惑、每一次进步都将成为研究的起点。我们深知,理解学生是一个永无止境的过程,学生学习研究的道路上也充满了未知与挑战。但我们坚信,只要教师们怀揣着对教育的热爱与执着,以本书为引,积极开展学生学习研究实践,就一定能够更加深入地走进学生的内心世界,点亮他们的学习之光,为教育事业的发展贡献更多的力量。

　　愿这本书能成为教师们教育征程中的良师益友,陪伴大家在理解学生、促进学生成长的道路上不断前行,书写属于教育的美好篇章。

目　录

第一章

问题导向：教师的学生学习研究实践现状与问题透视

　　教师如何认识学生的学习研究？实践中面临哪些真实挑战？这些问题的答案，藏在课堂的细节里，也藏在教师的认知与行动中。第一章以"问题导向"为核心，通过对一线教师的实证调研，全景呈现教师开展学生学习研究的现实样态。这些基于真实数据的分析，不仅为后续章节提供了精准的问题靶点，更让教师在阅读中产生"看见自己"的共鸣。

　　学生学习主要是指学生在课堂情境中的学习。教师的学生学习研究既包括教师在教育教学工作中对学生学习所进行的学情分析、观察记录、教学反思等活动，也包括以学生学习为主题所开展的课题研究和项目研究等。

　　为了解教师开展学生学习研究的基本情况、分析教师开展学生学习研究存在的主要困难与现实需求，研究团队从上海市8个区随机抽取2203名中小学教师进行问卷调研，通过对调研数据进行描述性统计分析、t检验、方差分析、卡方检验、相关分析等，分析教师开展学生学习研究的基础与优势、问题与不足，并基于调研分析对教师开展学生学习研究提出相应的对策建议。

第一节
教师的学生学习研究调研概况

一、研究现状

通过查阅相关文献资料,我们发现已有的研究主要围绕学生学习研究的价值意义、内容取向、主要方法等方面。在信息技术、人工智能、学习科学飞速发展的时代背景下,教师的学生学习研究仍然存在着较大的发展空间,教师的学生学习研究品质仍有待提升。

(一) 教师开展学生学习研究的视域有待拓展,研究方向有待进一步明确

现有研究在学生学习研究对学生成长和教师专业发展的价值意义方面已经达成共识。然而,学生学习的复杂性要求我们打破心理学或教育学的单一学科视角,注重跨学科融合的研究视角。尤其是在新课程新教材改革背景下,学生学习研究的视域与方向也需要与时俱进。教师对于学生学习变革方向的精准理解和全面把握,比如对综合学习的组织开展、对学习环境设计的关注、对学习差异的尊重满足等等,可以为学生学习研究的实践更好地定向和导航。

(二) 教师对学生学习的情境性关注不够,需要进一步扎根课堂教学现场

学生学习是在具体情境中进行的,现有研究更多地从心理学视角出发来研究学生

学习,多是一种去情境化的研究,忽视了学生学习情境的丰富性、多样性等。因而,教师的学生学习研究需要扎根学校课堂教学实践,在鲜活的教育现场和多元的学习实践中开展研究,充分体现出对学生学习真实情况和现实问题的观照。

(三) 学生学习研究所运用的工具方法相对单一,研究路径与方法有待丰富

现有研究多采用理性思辨、案例研究、日常经验判断的形式开展,个别研究采用了量化分析手段。总体而言,采用定量研究或者定性研究与定量研究相结合的研究相对比较少。对于一些新兴研究方法,教师在日常教育教学中使用率较低,对学生学习表现和学习信息的实证采集与分析有所缺乏,学习研究的实证分析范式尤须关注。

二、调研目标

1. 了解教师对学生学习研究的基本认识和主要看法,把握教师对开展学生学习研究的必要性、可行性等方面的认识情况。

2. 从课堂教学、教研、科研等出发,了解教师开展学生学习研究的主要内容、常用方法、成果应用等方面的实践现状。

3. 分析教师开展学生学习研究存在的主要困难,排摸教师在开展学生学习研究时的研究对象选择、研究内容、研究方法、研究支持和合作倾向等方面的现实需求。

三、调研工具

本次调研主要采用问卷调查的方式。在对参与调研教师的性别、教龄、学历、职称、学段、学科、职务(校级领导、中层干部、专任教师)等基本信息进行采集的情况下,现状调研主要围绕以下三个方面展开:一是教师对学生学习研究的认识情况,包括对研究必要性的认知及研究主体的判断;二是实践情况,细分为通识性问题与情境化问题,通识性问题中包括教师研究学生学习的具体做法、主要内容、主要方式及结果运用,情境化问题中包括教学场景的学情分析与跨学科主题学习活动开展情

况、教研场景的活动频率与主题、科研场景的课题参与及方法运用等;三是问题与需求,包含教师个体和组织系统层面的主要困难,以及在研究内容、对象、方式等方面的需求。

四、调研过程

教师开展学生学习研究的现状调研过程涵盖调研准备、调研实施、调研总结三个阶段。

表1-1 教师开展学生学习研究的调研过程

调研阶段	内 容 安 排
调研准备	设计调研方案(初稿)
	电话访谈部分教师,初步了解教师基本认识和做法
	优化调研方案(定稿)
调研实施	设计调研工具(调研问卷)
	开展咨询研讨,优化调研工具,完成线上调研平台准备
	进行问卷试测,并进一步优化完善问卷
	组织教师参与问卷调研
调研总结	形成初步调研报告
	召开调研结果研讨会

五、调研对象

本次调研,具体涵盖上海市8个区(黄浦、静安、长宁、杨浦、宝山、浦东、松江、奉贤)共2203名教师。其中,男性教师454名,占比为20.6%;女性教师1749名,占比为79.4%。

表 1－2 教师开展学生学习研究调研的样本信息

样本信息		人数	占总人数的比例(%)
性别	男	454	20.6
	女	1 749	79.4
教龄	1 年(含)以下	106	4.8
	1—5 年(含)	410	18.6
	5—10 年(含)	307	13.9
	10—15 年(含)	199	9.0
	15—20 年(含)	245	11.1
	20—30 年(含)	573	26.0
	30 年以上	363	16.5
学历	大专及以下	62	2.8
	本科	1 772	80.4
	硕士	365	16.6
	博士	4	0.2
职称	未评级	195	8.9
	二级(小一)	600	27.2
	一级(小高)	1 038	47.1
	高级	363	16.5
	正高级	7	0.3
职务	正副校长或书记	67	3.0
	教导/德育/科研/师训主任	129	5.9
	教研组长/年级组长/备课组长	553	25.1
	普通教师	1 429	64.9
	其他	25	1.1
任教学段	小学低年段(1—2 年级)	392	17.8
	小学中高年段(3—5 年级)	679	30.8
	初中	536	24.3
	高中	596	27.1
任教学科	道德与法治(思想政治)	92	4.2

样本信息		人数	占总人数的比例（%）
	语文	539	24.5
	数学	415	18.8
	外语	359	16.3
	历史	51	2.3
	地理	40	1.8
	科学	58	2.6
	物理	71	3.2
	化学	63	2.9
	生物学	56	2.5
	信息科技	57	2.6
	体育与健康	179	8.1
	艺术（音乐、美术、舞蹈、戏剧、影视等）	153	6.9
	劳动	21	1.0
	综合实践活动	11	0.5
	其他	38	1.7

六、数据分析方法

在本次调研中研究团队采用了多种数据分析方法，以探究教师开展学生学习研究现状的多个层面。首先，使用描述性统计分析对收集到的数据进行初步整理，对教师开展学生学习研究的个人认识、主要做法等基本情况有了初步了解。其次，对相关数据进行进一步的统计检验（如 t 检验、方差分析、卡方检验等），这些方法帮助我们检验了不同性别、教龄、学历、职称、任教学段等教师在开展学生学习研究中是否存在群体间差异，进而准确地判断不同因素对教师开展学生学习研究的影响。最后，通过相关分析来衡量不同变量之间的线性关系或相关性，这有助于我们理解教师个人认识、实践情况、困难及需求之间的具体联系，从而深入挖掘教师开展学生学习研究的真实情况，并为改进教育实践提供依据。

第二节
教师对学生学习研究的基本认识

教师究竟如何理解"学生的学习研究"？这一认知决定了教师开展学生学习研究时的行为起点与研究边界。基于此,我们重点聚焦教师的学生学习研究观,通过对"开展学生学习研究的必要性""开展学生学习研究的主体"等维度进行解析,尝试揭示教师认知中的共识与分歧。

一、教师对学生学习研究的认识现状

(一) 教师普遍认为研究学生学习应该成为教师的自觉行为

86.5%的教师认同"研究学生学习应该成为教师的自觉行为"这一观点。在0.05的显著性水平下,不同性别、任教学段、执教科目教师对这一观点存在显著差异。女教师比男教师更认同这一观点;任教学段越低的教师,认同程度越高;语数外三科教师比非语数外学科教师更认同这一观点。

(二) 超过八成的教师认同对学生学习情况的了解决定着教学效果

84.3%的教师认同"教师对学生学习情况的了解决定了教学效果"这一观点。在0.05的显著性水平下,不同性别、教龄、学历、任教学段教师对这一观点存在显著差

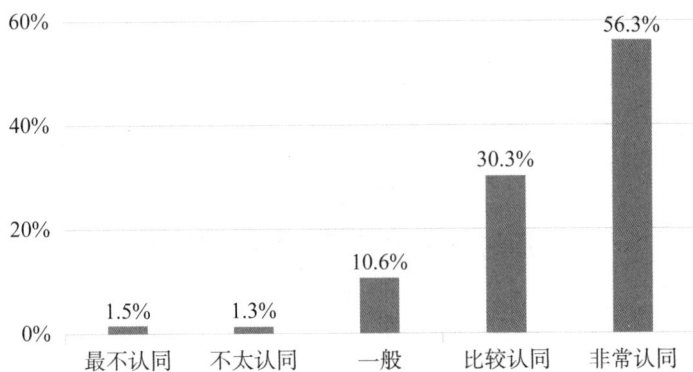

图 1 - 1　教师对"研究学生学习应该成为教师的自觉行为"的认同程度

异。女教师比男教师更认同这一观点;教龄越长的教师,认同程度越高;本科学历教师
对该观点认同程度显著高于研究生学历教师;任教学段越低,认同程度越高。

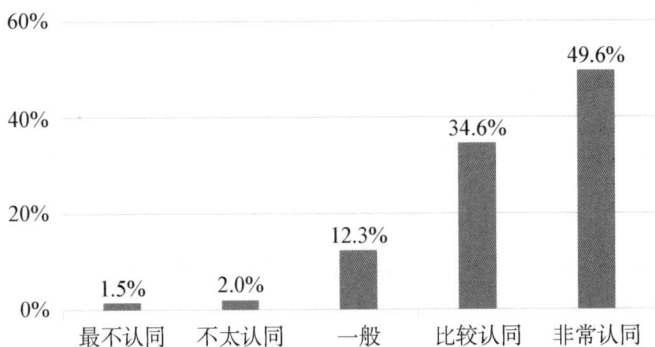

图 1 - 2　教师对"教师对学生学习情况的了解决定了教学效果"的认同程度

(三) 近九成的教师认为研究学生学习的能力是教师专业素养的重要组成部分

86.6%的教师认同"研究学生学习的能力是教师专业素养的重要组成部分"这一
观点。在 0.05 的显著性水平下,不同性别、教龄、任教学段教师对这一观点存在显著
差异。女教师比男教师更认同这一观点;教龄越长的教师,认同程度越高;任教学段越
低,认同程度越高。

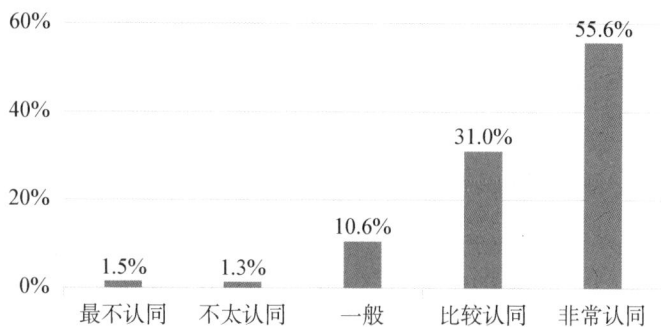

图 1-3　教师对"研究学生学习的能力是教师专业素养的重要组成部分"的认同程度

(四) 教师对于自己是否是开展学生学习研究的主体持存疑态度

关于"研究学生学习的主体是教师还是专业研究人员"这一观点,44.2%的教师认为研究主体是教师,29.6%的教师认为研究主体是专业研究人员,26.2%的教师持中立态度。

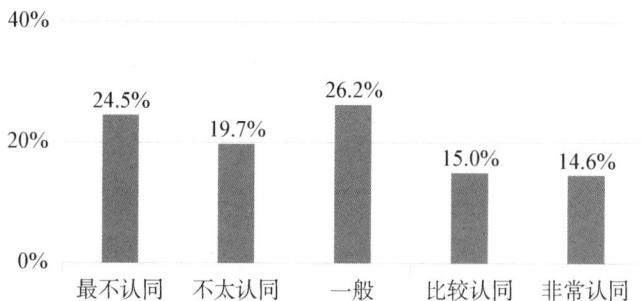

图 1-4　教师对"研究学生学习的主体应该是专业研究人员,不应该是教师"的认同程度

(五) 不同性别、学科的教师在学生学习研究的认识上存在显著差异

教师对学生学习研究的认识在性别、学科上存在显著差异,具体差异如下:性别上,女教师显著高于男教师($F=4.684$,$P=0.031$);学科上,综合教师在学生学习研究认识上显著高于文科、理科教师($F=5.278$,$P=0.005$)。通过方差趋势检验得到,随

着教师职务的提升,教师的学生学习研究认识水平显著提高(F=15.866,P<0.01);随着教师学段的提升,教师的学生学习研究认识水平显著下降(F=34.387,P<0.01)。

二、教师对学生学习研究认识的优势与不足

(一)教师对学生学习的认识相对科学客观,高度认同学生学习研究的必要性

由上述数据可知,教师对学生学习的认识相对科学客观,契合新课程新教材的改革导向。多数教师对学生学习的主体、动机、目标、方式等有较为科学、正确的认识。学习主体上,大多数教师认同虽然学生是学习的主体,但教师也发挥着重要的引导和支持作用。学习动机上,从内部动机来看,大多数教师认同学生学习主要是为了满足学生的个人兴趣和成长需要;从外部动机来看,大多数教师认同成为未来社会所需要的人才比获得优异的学业成绩更重要。学习目标上,大多数教师虽然认为知识始终是基础性的学习目标,但是也认为解决问题比习得知识技能更重要,即教师愈发关注学生的综合素养培育,而非单一的知识或技能目标。学习方式上,大多数教师认同跨学科主题学习对于学生素养培育的重要作用。由此可见,教师对学生学习的认识回应了新课程新教材素养导向、育人为本的要求,体现了对学生跨学科主题学习、学科实践、综合学习等方面的关注。

同时,大多数教师对开展学生学习研究的必要性有清醒的认识,具体体现在:八成以上的教师认同研究学生学习应该成为教师的自觉行为,认同教师对学生学习情况的了解决定了教学效果,认同研究学生学习的能力是教师专业素养的重要组成部分。不难看出,教师开展学生学习研究的必要性得到了广大一线教师的高度认同和广泛认可。

(二)教师的学生学习研究观受到教师自身职务、任教学段、任教学科等多重因素影响

伴随教师职务的逐级提升,教师相应的学习研究认识有所提升。根据方差趋势检

验可知,教师的职务与其学习研究的认识水平有明显的同向趋势性,说明职务越高的教师,在对学习研究的认识上存在优势。究其原因,可能校长书记、中层干部相比普通教师有更多机会参与一些前沿、高端的培训讲座和研修学习,对于学生学习的一般规律、学生学习研究的发展趋势、学生学习研究的主要内容等有更加全面的认识和了解。同时,随着教师职务的提升,教师在日常教育决策中的视野更宽广、思考范围更宏观,这能在一定程度上提升其对于学生学习研究的认识水平。

随着教师任教学段的上升,其学习研究的认识水平反而有所下降。根据方差趋势检验可知,教师的学段与其在学习研究的认识水平存在显著的逆向趋势性,说明越是低年段的教师,其在学习研究的认识与做法上存在明显优势。这可能与高学段教师的教学压力及考试压力有关,这些压力使得高学段的教师可能对于学生学习研究的热情不高、时间不足、氛围不浓。

综合学科教师在学习研究认识上的表现优于文理科教师。根据单因素方差分析结果可知,体育与健康、艺术、劳动、综合实践活动等综合学科的教师在学习研究认识上的表现水平显著高于文科与理科教师,说明综合学科教师对学生学习研究的认识更为深入。这可能与综合学科往往没有过重的课业负担和考试压力有关,综合学科的教师相对有更多的时间和精力学习相关的理论知识,并开展学生学习研究的实践探索,从而提升了自身的学生学习研究素养。

第三节
教师开展学生学习研究的实践情况

从理念到行动,教师如何在教学实践中开展学生学习研究? 我们聚焦教师开展学生学习研究的实践现状,探索教师研究学生学习的具体做法、开展学生学习研究的主要内容、开展学生学习研究的主要方式、运用学习研究结果的情况,并通过对教学、教研、科研等多维度的情境化分析,深入了解教师研究行为的共性特征与个性差异。

一、教师开展学生学习研究的通识做法

(一)教师研究学生学习的具体做法

1. 八成以上教师认为自己会有意识地收集学生学习的信息

86.5%的教师认为自己会"有意识地收集学生学习的信息"。在 0.05 的显著性水平下,不同性别、任教学段、执教科目教师对这一观点存在显著差异。女教师比男教师越认为自己会更有意识地收集学生学习的信息;任教学段越低的教师,越认为自己会有意识地收集学生学习的信息;语数外三科教师比非语数外学科教师越认为自己会更有意识地收集学生学习的信息。

2. 七成以上教师认为自己会通过个人经验判断学生学习情况

75.8%的教师认为自己会"通过个人经验判断学生学习情况"。在 0.05 的显著性

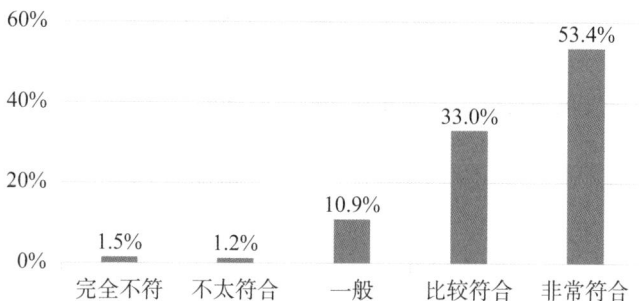

图 1 - 5 教师"有意识地收集学生学习的信息"情况

水平下,不同任教学段教师对这一观点存在显著差异。任教学段越低的教师,越认为自己会通过个人经验判断学生学习情况。

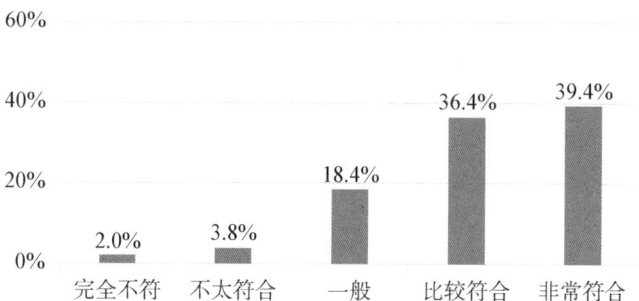

图 1 - 6 教师"通过个人经验判断学生学习情况"情况

3. 七成教师认为自己在研究学生学习时有明确的研究主题

70.0%的教师认为自己在研究学生学习时有明确的研究主题。在 0.05 的显著性水平下,任教学段教师对这一观点存在显著差异。和初高中教师相比,小学教师更认

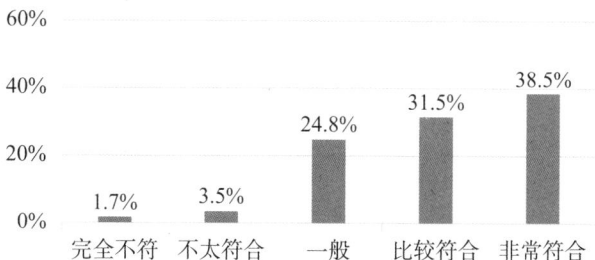

图 1 - 7 教师"研究学生学习时有明确的研究主题"情况

为自己在研究学生学习时有明确的研究主题。

4. 六成以上教师认为自己会用专业的研究方法研究学生学习

67.7％的教师认为自己会"用专业的研究方法研究学生学习"。在 0.05 的显著性水平下,不同教龄、任教学段教师对这一观点存在显著差异。教龄越长的教师,越认为自己会用专业的研究方法研究学生学习;和初高中教师相比,小学教师更认为自己会用专业的研究方法研究学生学习。

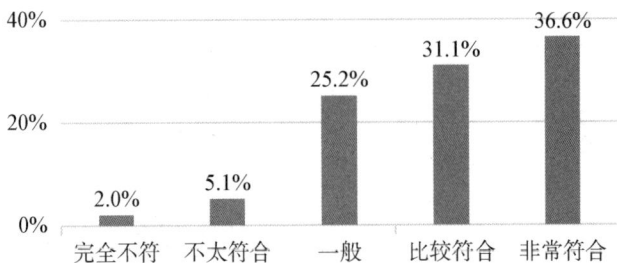

图 1-8 教师"用专业的研究方法研究学生学习"情况

5. 八成以上教师认为自己会将学生学习研究的结果运用于教学实践

83.1％的教师认为自己会"将学生学习研究的结果运用于教学实践"。在 0.05 的显著性水平下,不同任教学段教师对这一观点存在显著差异。任教学段越低的教师,越认为自己会将学生学习研究的结果运用于教学实践。

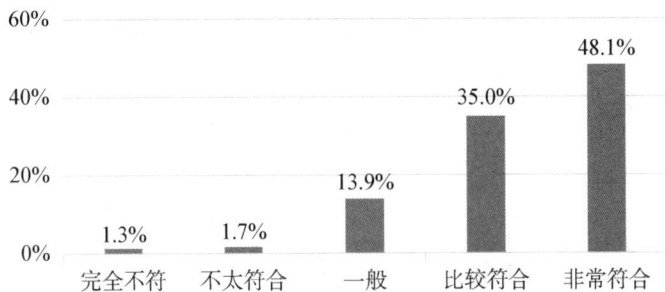

图 1-9 教师"将学生学习研究的结果运用于教学实践"情况

（二）教师开展学生学习研究的主要内容

教师开展学习研究的主要内容依次是学习方式、学习动机和学习差异。调查发现，教师在研究学生学习时最主要关注的内容依次为学习方式（87.7%）、学习动机（75.9%）、学习差异（65.5%）、学习成果（44.2%）。

如果将调研对象按照小学低年段、小学高年段、初中、高中进行分类，结果显示：小学教师比高中教师更关注学习差异（卡方＝9.065，p＜0.05），小学教师选择学习差异的比例超过68%，高于高中教师选择该项的比例（61.9%）；不同学段教师对学习评价的关注程度存在显著差异（卡方＝9.976，p＜0.05），小学高年级教师最关注学习评价，选择该项的比例达到44.3%，高于初中（38.8%）和高中教师（36.2%）的这一比例。

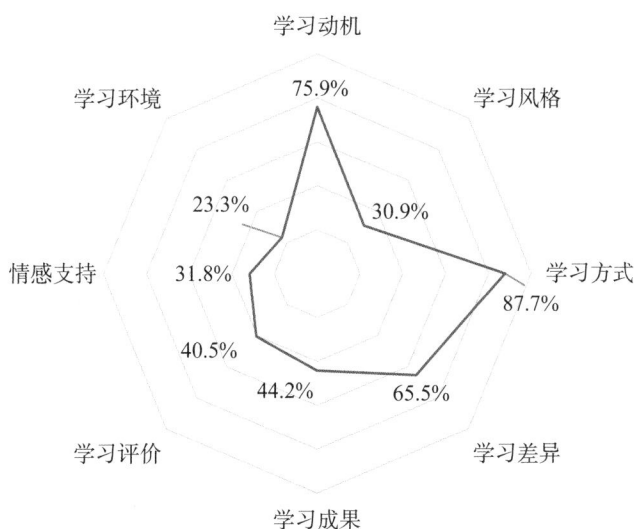

图1-10 教师研究学生学习时主要关注的内容

值得关注的是，在研究学生学习时认为创设学习环境责任在于自身的教师并未更关注学习环境，教师对学习环境创设责任的认同程度和实际关注程度呈显著低相关（r＝0.043，p＜0.05）。在一定程度上说明教师在学生学习上有很好的认识，但是没有应用到实践。

(三) 教师开展学习研究的主要方式

超八成教师开展学习研究的主要方式是日常观察。中小学教师研究学生学习时的主要方式依次为日常观察(84.5%)、总结反思(53.3%)。如果将调研对象按照小学低年段、小学高年段、初中、高中进行分类,结果显示:不同学段教师在是否采取同伴交流上存在显著差异(卡方=9.995,$p < 0.05$),其中初中教师选择同伴交流的比例最大,在其他方式上则不存在显著差异。

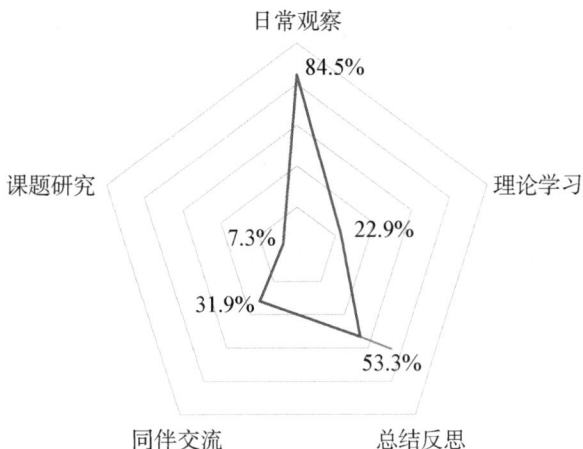

图 1-11 教师研究学生学习时主要使用的方法

平时日常观察学生学习的教师,希望继续以这种方式开展学生学习研究(卡方=82.627,$p < 0.05$);平时参与课题研究的教师,希望继续以课题形式开展学生学习研究(卡方=48.620,$p < 0.05$)。说明教师在方法使用上有一定的依赖性和惯性。

(四) 教师运用学生学习研究结果的情况

超九成教师通常将学生学习研究结果运用于改进教育教学实践。教师通常将学生学习研究结果运用于改进教育教学实践(92.2%)、校内交流分享(68.3%)。

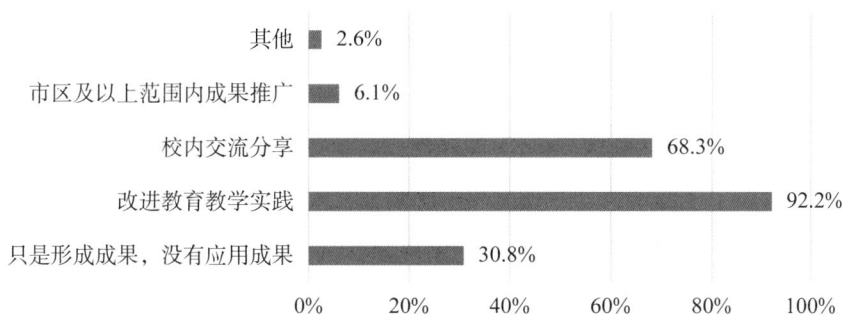

图1-12　教师运用学生学习研究结果的情况

二、教师开展学生学习研究的情境解析

我们具体探讨了教师在教学、教研、科研三种日常教育情境中开展学生学习研究的具体情况。其中,教学情境重点关注学情分析和跨学科主题学习。教研情境重点关注有关学生学习研究主题教研活动的参与频率、活动方式、活动主题等。科研情境重点关注有关学生学习研究课题的参与数量、研究主题、研究方法等。

(一)在教学情境中开展学生学习研究的实践情况

1. 超九成教师运用课堂观察的方法开展学情分析,重点关注学生认知水平、学习习惯和知识基础

教师在开展学情分析时,最主要关注的内容依次为认知水平(74.5%)、学习习惯(68.5%)、知识基础(68.4%)。

学历越低的教师越关注学习差异(卡方=7.396,p<0.05),在大专及以下、本科、研究生三类学历教师群体中,选择该项的比例分别为43.5%、35.0%和29.0%。小学和初中教师比高中教师更关注学习差异(卡方=15.496,p<0.05),小学和初中教师群体中选择该项的占比约为35.0%,高中教师中占比约为28.7%。

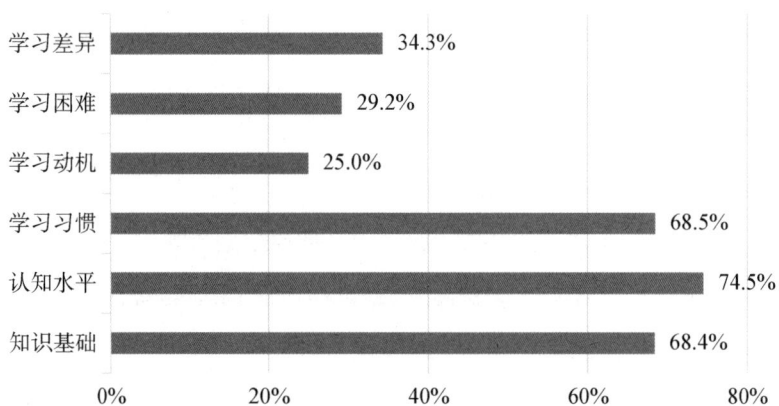

图 1-13 教师在学情分析中关注的内容

教师在开展学情分析时,使用的主要方法分别为课堂观察(91.2%)、与学生交流(61.5%)、经验判断(58.7%)。

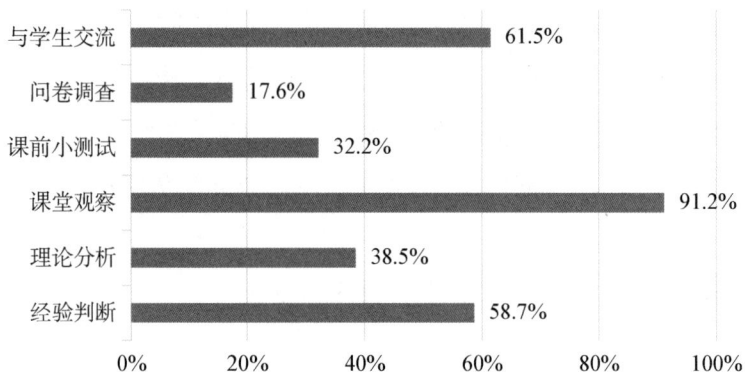

图 1-14 教师在学情分析时使用的方法

2. 超七成教师开展过跨学科主题学习活动,且多为由一门学科主导、学科内的跨学科主题学习活动

76.2%的教师开展过跨学科主题学习活动。在 0.05 的显著性水平下,不同科目教师开展跨学科主题学习活动的情况存在显著差异,相比于非跨学科科目教师(理化生教师),跨学科科目教师(科学教师)更有可能开展跨学科主题学习活动。不同学段教师在开展跨学科主题学习活动上存在显著差异(卡方=123.176,p<0.05),小学教

师开展此类活动的比例高于其他学段(约高出 20%)。不同学科教师在开展跨学科主题学习活动上存在显著差异(卡方=28.985,p<0.05),综合科目教师开展此类活动的比例为 85.3%,高于文科教师(77.5%)和理科教师(68.6%)。

表 1-3　不同教师群体开展跨学科主题学习活动的情况

学历/任教学段	比例	卡方检验
小学低年级	84.7%	123.176 ***
小学中高年级	87.5%	
初中	67.4%	
高中	65.6%	
文科	77.5%	28.985 ***
理科	68.6%	
综合科目	85.3%	

注:***表示在 1%的显著性水平下显著。

在开展过跨学科主题学习活动的教师中,有 57.1%的教师开展的是由一门学科主导、学科内的跨学科主题学习活动。不同学段教师在开展跨学科主题学习活动的类型上存在显著差异(卡方=17.264,p<0.05)。相比于小学教师,有更多初高中教师开展由两门学科主导、学科间的跨学科主题学习活动。

(二) 教研活动是教师日常开展学生学习研究的重要途径

1. 学生学习研究是教师日常教研活动中的常规内容,且开展频率较高

教研活动是教师围绕日常课程实施和教育教学过程中遇到的各种问题而开展的一种实践性研究活动,是教师日常开展学生学习研究的重要途径,是促进教师专业发展的关键手段,也是优化学校课程实施、提升教育教学质量的有效载体。调查结果显示,四成左右的教师(40.3%)参与市、区、校等各层面组织的有关学生学习的教研活动频率为每月 1—3 次。每周参加 1 次该主题教研活动的教师占比 28.2%,每学期参加

1—3次的占比26.6%。整体而言,教师参与各层面有关学生学习的教研活动频率较高,也从侧面反映出教师参加的教研活动多以学生学习为主题,教师在教研中开始越来越关注"学生的学"。

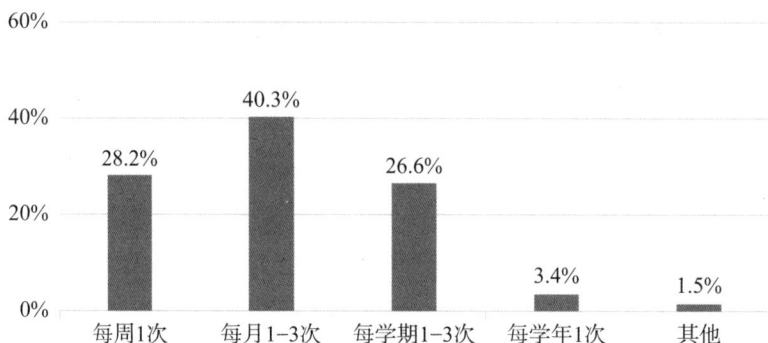

图1-15 教师参加各层面有关学生学习的教研活动的频率

2. 有关学生学习的教研活动在形式上更多指向日常教育教学实践

当前教师参加有关学生学习的教研活动时,最主要的方式是听课评课,选择这一方式的教师占比高达95.0%。以集体备课(75.6%)、公开教学(73.7%)、专题研讨(66.0%)、报告讲座(61.2%)为主要活动方式的次之,以教材编写为活动形式的教研活动相对较少,占比7.8%。

从数据中我们可以看到,教师参与有关学生学习的教研活动方式以指向教育教学实践为主,如听课评课、集体备课、公开教学等,同时也兼顾专题研讨、报告讲座等相对理论性的活动方式,呈现出理论与实践的融合共进。

(三) 教师开展有关学生学习为主题的课题研究仍存在较大的提升空间

1. 教师对开展有关学生学习为主题的课题研究表现出了较为强烈的研究意向,但实际开展的课题数量尚不理想

有63.3%的教师希望以课题研究的方式来开展学生学习研究。男教师比女教师

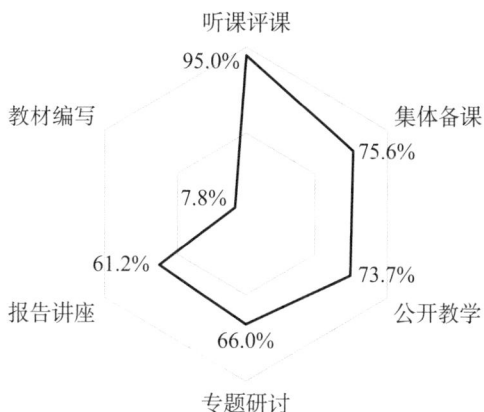

图 1-16 教师参加有关学生学习的教研活动方式

更期望以课题研究的方式来开展学习研究,男教师想进行课题研究的比例为 67.6%,显著高于女教师 62.2% 的比例;教龄在 20 年以下的教师更想进行课题研究,比例超过 65%,而 20—30 年和 30 年以上教龄教师的这一比例分别降低到 58.1% 和 53.4%。高学历的教师最希望进行课题研究。

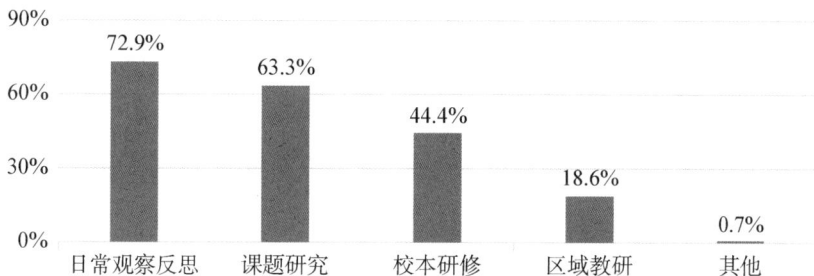

图 1-17 教师希望通过何种方式开展学生学习研究

2. 教师开展有关学生学习为主题的课题研究方法较为传统

任何一项课题研究都离不开方法的支撑。教师在参加有关学生学习为主题的课题研究时主要使用的方法有:案例研究(84.5%)、调查研究(问卷、访谈、观察)(74.1%)、文献研究(57.0%)、行动研究(49.0%)、经验总结(43.8%)等。而使用视频分析(15.9%)、话语分析(10.3%)、马赛克法(1.5%)等方法的教师相对较少。可见,教师开展学生学习主题的课题研究时更多使用传统的研究方法,对一些国际上新兴研究方法的关注有待加强。

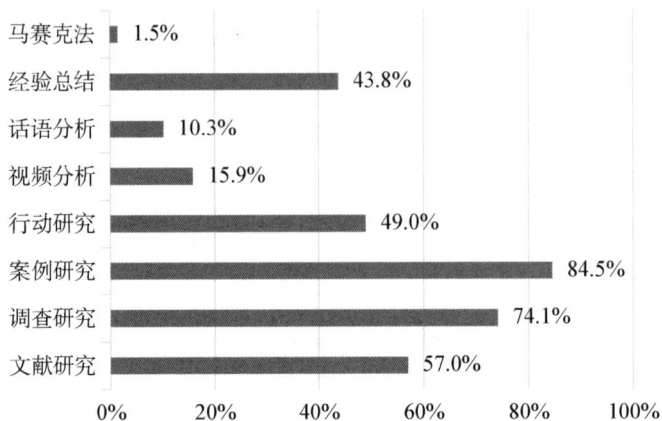

图 1‐18　教师参加有关学生学习为主题的课题研究时主要使用的方法

同时,教师对研究方法的选择受到性别、教龄、学历、职称等多方面因素的影响。在 0.05 的显著性水平下,不同性别、不同教龄、不同学历、不同职称水平教师在课题研究中采用的方法存在显著差异。不同学段的教师之间没有显著差异。具体来说:在性别方面,选择使用案例研究的女教师相对更多(卡方 $=9.239$, $p<0.05$),选择话语分析的男教师相对更多(卡方 $=5.701$, $p<0.05$);在教龄方面,教龄更长的教师更倾向于选择经验总结的方法(卡方 $=44.244$, $p<0.05$);在学历方面,学历越高的教师越可能选择文献研究(卡方 $=17.852$, $p<0.05$)、行动研究(卡方 $=12.817$, $p<0.05$)作为主要研究方法,而学历较低的教师更可能选择经验总结方法(卡方 $=8.720$, $p<0.05$);在职称方面,职称水平更高的教师更多选择行动研究(卡方 $=11.531$, $p<0.05$)、经验总结(卡方 $=26.024$, $p<0.05$)作为研究方法。

我们还结合教师的任教科目进行了具体分析,发现不同学科的教师在研究方法的选择上存在显著差异,其中,任教语文、数学、外语学科的教师比其他学科教师更有可能选择案例研究(卡方 $=14.823$, $p<0.05$),语数外学科教师选择案例研究的比例为88.1%,显著高于其他学科教师(79.2%)。担任文科和理科科目教学工作的教师比综合科目的教师更有可能选择案例研究(卡方 $=11.354$, $p<0.05$),文理科教师选择案例

研究的比例约为 86%，显著高于综合科目教师的比例（74.3%）。

3. 教师开展有关学生学习为主题的课题研究主题与教研活动主题具有较高一致性，体现出教研科研一体化发展趋势

教师参加过的有关学生学习的教研活动主题主要为课标与教材研读（80.7%）、学习活动设计（77.0%）、学情分析（70.3%）、作业设计（67.5%）、跨学科主题学习（49.6%）、考试评价（40.4%）和考试结果分析（35.4%）。

对老师们填写的"参加过的、最具代表性的有关学生学习的教研活动主题或名称"进行词频分析后发现，出现频率最高的词语分别是学习（246 次）、学生（181 次）、设计（149 次）、教学（135 次）、研究（126 次）、单元（106 次）、活动（105 次）、作业（92 次）、教研（78 次）、素养（78 次）、核心（54 次）、分析（50 次）、新课标（50 次）、课堂（50 次）、跨学科（49 次）。从这些高频词中可以看出，教师参与的以学生学习为主题的教研活动能够与当前教育综合改革趋势相吻合，体现出五育并举、素养取向、育人方式变革的课改新要求。

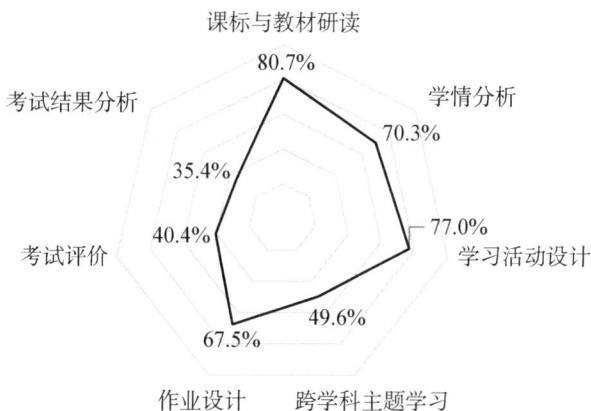

图 1 - 19　教师参加有关学生学习的教研活动方式

在课题研究方面，教师参加过的有关学生学习的课题研究主题主要有学习活动设计（81.2%）、作业设计（71.4%）、学习评价（57.9%）。以学习支持（23.0%）和学习环境（18.1%）作为研究主题的教师相对较少。可见，教师在开展学生学习为主题的课题研究中,更多关注显性化的教学行为层面,而对于学习支持、学习环境等隐性支撑的关注有待加强。

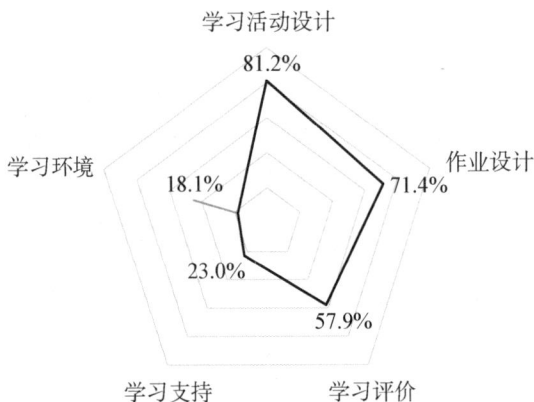

图 1‑20 教师参加有关学生学习的课题研究主题

对老师们填写的"参加过的、最具代表性的有关学生学习的课题名称"进行词频分析后发现,出现频率最高的词分别是研究(202 次)、学习(161 次)、学生(142 次)、实践(75 次)、教学(70 次)、设计(60 次)、作业(46 次)、素养(44 次)、活动(38 次)、培养(38 次)、评价(37 次)、小学(36 次)、课堂(34 次)、单元(31 次)、提升(28 次)。这些"课题名称"中的关键词与"教研主题"中的关键词具有较高的一致性,反映出当前对学生学习的相关研究正从知识取向走向素养取向,从学科书本教学走向学科实践教学,从单科独进的学习走向综合性、跨学科学习,同时呈现出学校教科研一体化发展的良好趋势。

三、教师开展学生学习研究实践的优势与不足

(一)教师在学生学习研究方面开展了多种形式的实践探索

调查结果显示,教师在教学、教研、科研等不同情境中尝试开展了多种形式的学生学习研究的实践探索。在日常教学中,教师会有意识地收集学生学习的信息、会通过个人经验判断学生学习情况。多数教师会通过课堂观察、经验判断等方式常态化地研

究学生学习,并将研究结果运用于教育实践改进。

在教研层面,教师参与各层面组织的有关学生学习的教研活动频率较为稳定。在内容上开始越来越关注"学生的学",教研主题能够与当前教育综合改革趋势相吻合,体现出五育并举、素养取向、育人方式变革的课改新要求。在教研方式上,教师参与有关学生学习的教研活动方式以指向教育教学实践为主,如听课评课、集体备课、公开教学等,同时也兼顾专题研讨、报告讲座等相对理论性的活动方式,有效兼顾了理论性与实践性,呈现出理论与实践的融合共进。

在科研层面,教师在研究学生学习时有明确的研究主题,会用专业的研究方法。近一半的被调查教师参加过1—3项有关学生学习为主题的课题研究。在研究方法上,教师开展学生学习主题的课题研究时更多使用传统的研究方法,如案例研究、调查研究、文献研究、行动研究、经验总结等。方法的选择上兼顾了质性研究方法和量化研究方法。在研究主题上,更多聚焦学习活动设计、作业设计、学习评价等显性的教育教学行为。此外,我们发现,教师参加的学生学习为主题的"课题名称"中的关键词与"教研主题"中的关键词具有较高的一致性,呈现出学校教科研一体化发展的良好趋势。

(二) 教师对学生学习研究的认识与实践存在一定落差

通过对教师的学生学习观念与实践现状的分析,我们发现其中仍存有一定落差,需要引起关注。比如,虽然教师对于研究学生学习的主体是教师还是专业研究人员持存疑态度,但大多数教师都认为自己开展过学生学习研究的相关实践,这侧面反映出教师作为学生学习研究者的主体意识有待进一步加强。再如,近半数教师认同创设支持学生学习的学习环境主要责任在学校而非自身,而在研究学生学习时,认为创设学习环境责任在于自身的教师并未更关注学习环境,即教师对学习环境创设责任的认同程度和实际关注程度呈显著低相关,这也从侧面反映出教师对学生学习环境创设的主体意识不强,相应的实践行动也较为缺乏。

(三) 教师开展学生学习研究的问题域有待拓展

教师在开展学生学习研究时,虽然重点关注了学习方式、学习动机和学习差异,但是对学习环境、信息技术等领域的关注尚不充分，具体体现在：对于创设支持学生学习的学习环境主要责任在学校还是教师，持存疑态度；教师认为信息技术对学生学习的促进作用尚不明显等。因此，区域层面可以研制匹配不同学段教师需求的选题指南，从而为拓展教师开展学生学习研究的问题域提供方向指引。

(四) 中小学教师开展学生学习研究的方法工具有待丰富

教师在开展学生学习为主题的课题研究时，主要使用的研究方法有案例研究、调查研究(问卷、访谈、观察)、文献研究、行动研究、经验总结等，而对于视频分析、话语分析等国际新兴教育研究方法的使用相对较少，需要进一步加强对这些国际新兴教育研究方法的关注与应用。区域层面也可以相匹配地开发研修课程以满足教师对研究方法学习与使用的需要。

第四节
教师开展学生学习研究的问题需求

基于前面几节的调查与分析,本节试图回答一个关键问题:教师在学习研究中真正需要什么? 这些需求,既是教师研究困境的集中投射,也是后续章节的逻辑起点。

一、教师开展学生学习研究的主要困难

(一) 缺乏时间是教师开展学生学习研究的首要困难

教师们将缺少研究时间作为开展学生学习研究的首要困难。具体而言,有30.9%教师认为主要困难在于缺少研究时间,第二困难为缺少专家引领(18.5%),其次为缺少研究方向(15.4%)和方法指导(15.1%)。在这一问题上,不同性别、不同年

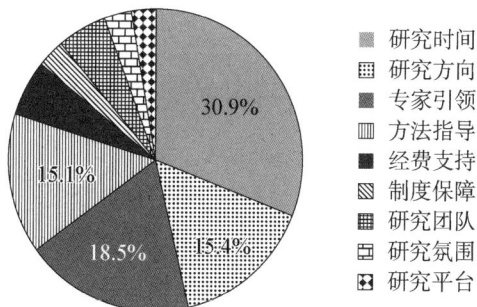

图 1-21　教师开展学生学习研究的首要困难

龄、不同学历、不同学科的教师表现出了较高的一致性。

(二) 教师开展学生学习研究未能有效结合日常教学情境

研究的主题与方向决定了研究的核心内容,影响着研究的深度和广度,但教师对于开展学生学习研究的研究方向把握还存在一定困难,调查中有1193位教师认为自己缺少研究方向。这反映出教师认可学生学习研究的重要价值,也有一定的意向开展学生的学习研究,但尚未能将这一先进理念与日常教育教学情境进行有效结合,没有将日常教育教学中发现的各种问题梳理转化为研究问题。

(三) 教师窄化了学生学习研究的内涵,研究素养与能力还有待提升

教师认为开展学生学习研究的另一大困难是缺少研究方法。这一方面反映出教师的基础研究素养还有待进一步提升,需要进一步加强对各种研究方法的掌握。对教师而言,掌握常用、基础的研究方法不仅是个人专业成长的重要途径,也是推动教育改革与创新、提升教育质量与效益的关键因素。而一些新兴的研究方法也激励着教师在教育实践中进行开拓创新和大胆尝试。另一方面,将缺少研究方法作为开展学生学习研究的困难,也反映出教师对于学生学习研究的认识较为窄化。并不是只有运用科学、规范的研究方法围绕学生学习为主题开展的课题研究才是做研究,教师在日常教育教学中对学生学习所进行的学情分析、观察记录、教学反思等也是在进行学生学习研究。

(四) 教师在开展学生学习研究时较为依赖外部支持

教师普遍认为"专家引领"在研究过程中发挥着重要作用,并将"缺少专家引领"作为开展学生学习研究的一大困难。但与专家面对面进行指导与沟通的资源并非教师个体能够轻易获得的,更多是依赖于学校、区域的牵线和组织,这在一定程度上反映出教师在开展学生学习研究时还较为依赖外部支持,关注于组织系统层面的困难。教师

的专业发展与研究除了需要外部支持,更需要内在的动力驱动。教师可以通过各种书籍、文献、网络资源等加强学习与研究,能够有效缓解研究中缺乏专家指导这一问题。

二、教师开展学生学习研究的需求分析

(一) 教师对于学生学习研究的需求更多基于日常教学实践,研究内容上关注学生学习规律,研究对象上倾向研究班级整体,研究成果形式上偏重案例

有72.9%的教师表示希望通过日常观察反思的形式来研究学生学习。在内容上,教师最希望了解学生学习的一般规律、学生学习研究的发展趋势、学生学习研究的主要内容。有29.0%的教师表达希望了解学生学习的一般规律,有22.9%的教师希望了解学生学习研究的发展趋势,各有14.8%、15.0%、12.9%的教师希望了解学生学习研究的主要内容、方法和案例。有3.5%的教师关注学习研究的成果呈现。

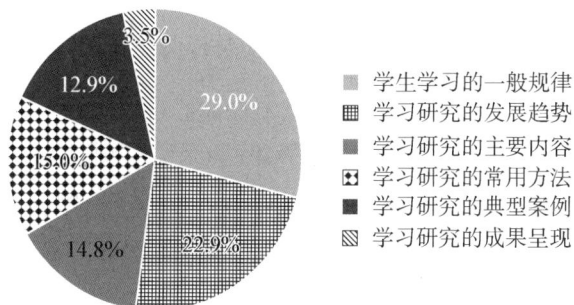

图 1－22　教师对学生学习研究想重点了解的内容

图例：
- 学生学习的一般规律
- 学习研究的发展趋势
- 学习研究的主要内容
- 学习研究的常用方法
- 学习研究的典型案例
- 学习研究的成果呈现

在选择学生学习研究的研究对象方面,81.0%的教师主要倾向于选择整个班级、78.8%的教师倾向于选择学生个体,63.3%的教师倾向于选择学生小组作为研究对象。

对于开展学生学习研究的成果表达,教师们所倾向的主要成果形式依次为案例(38.8%)、课例(25.0%)和研究论文(15.9%)。究其原因,可能案例和课例更贴近一线教师的日常工作场景,更符合教师的表达偏好。

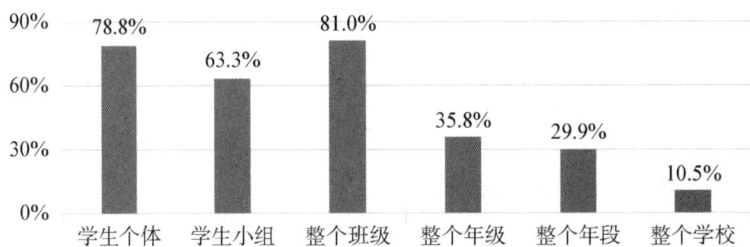

图 1‐23 教师对学生学习研究想选择的研究对象

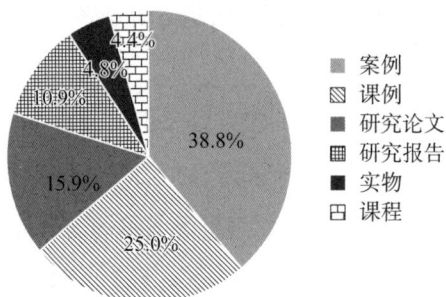

图 1‐24 教师对学生学习研究想重点了解的内容

(二) 教师希望依托教研组、年级组、备课组等校内专业共同体开展学生学习研究

有 80.7％的教师希望在教研组/年级组/备课组层面开展学生学习研究,有 60.9％的教师希望在学校层面开展学生学习研究。和研究生学历的教师相比,大专及以下、本科学历的教师更希望和教研组/年级组/备课组合作开展学生学习研究,这两

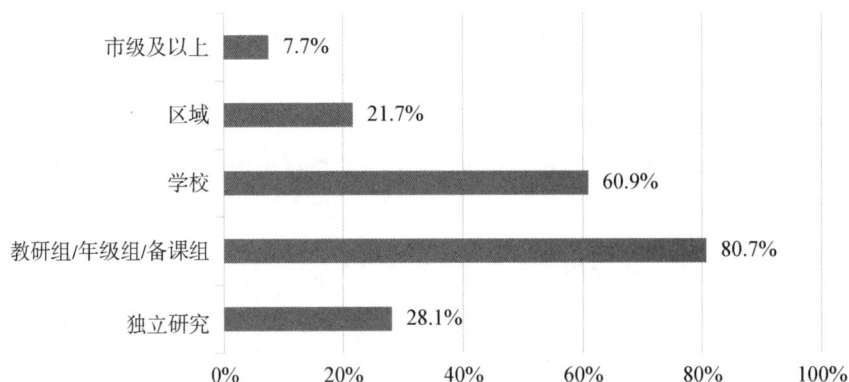

图 1‐25 教师希望在什么层面开展学生学习研究

类群体中的比例分别为98.4%和91.5%,研究生学历教师中这一比例为85.6%。

对于是否选择独立研究,教师群体展现出了一定内部差异,高学历教师群体更有可能选择独立研究(卡方=20.508,p<0.05),任教高中学段的教师更倾向于选择独立研究(卡方=23.577,p<0.05)。

(三) 教师表现出与学生合作研究的意向,体现出以学生为本的研究观

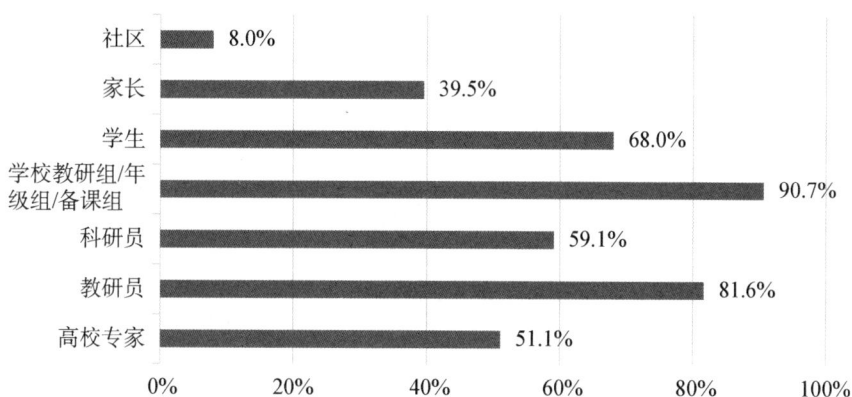

图1-26 教师希望选择的合作对象

在合作开展学生学习研究方面,68.0%的教师表达了与学生合作的愿望。教龄长的教师更希望和学生合作,在15年及以上教龄的教师群体中,选择想和学生合作开展研究的比例超过七成,5—15年教龄教师组和5年以内教龄教师组这一比例约为六成。研究生学历教师最想和学生合作,其比例达到69.3%,高于大专及以下学历教师(64.5%)和本科学历教师(62.6%)中选择该项的比例。职称水平更高的教师更期望与学生合作,未评级教师和二级(小高)选择该项的比例分别为61.0%和64.3%,一级(小高)和高级(正高级)教师选择的比例达到71.9%和67.0%。

(四) 教师对于学生学习研究希望获得有关研究内容、研究方法的专业支持

在开展学生学习研究方面,教师主要希望获得的支持分别为专家指导(29.1%)、

课题引领(21.7%)、方法指导(15.7%)和选题指南(13.7%),这与教师开展学生学习研究的主要困难基本一致。

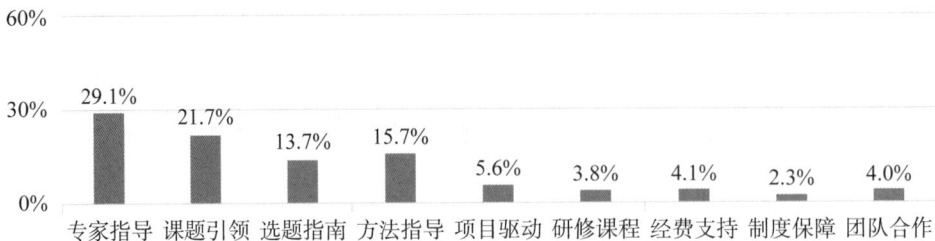

图 1-27　教师希望获得的支持

具体到跨学科主题学习,教师对跨学科主题学习想了解的内容主要包括设计要素、实施路径、方式方法、典型案例。不同群体想了解的内容没有显著差异。

三、教师开展学生学习研究的困难与需求剖析

(一) 教师对学生学习研究有着比较强烈的研究愿望

教师在调查中表达出了对开展学生学习研究的强烈愿望。在研究内容上,教师更希望了解学生学习的一般规律、学生学习研究的发展趋势、学生学习研究的主要内容等方面。在研究对象上,教师更倾向于立足于班级,选择全班学生为研究对象。在研究伙伴上,教师更希望能开展教研组、年级组、备课组等层面的合作研究,也有大量教师倾向于与教研员、科研员、高校专家等专业人员开展合作,还有近七成的教师表达了与学生合作开展研究的意向。这为教师开展多形式、多样态的学生学习研究奠定了良好的基础。

(二) 教师开展学生学习研究的路径机制有待创新

教师普遍表达了较为强烈的合作研究意愿,排在前三位的心仪合作对象主要是学校教研组/年级组/备课组、教研员和学生,这需要学校层面创新工作机制,探索将学生

学习研究作为学校教研组/年级组/备课组定期研讨的核心主线,区域层面也需要尽量调动教研员、科研员、德研员等专业研训人员的力量,带动一线教师合作开展教师的学生学习研究。另外,教师提到的与学生开展合作研究的需求,是非常有意思的发现,后续可在部分学校开展试点探索。

(三)需要关注教师开展学生学习研究的组织系统困难和教师个体困难

教师普遍谈到开展学生学习研究的首要困难体现在缺少研究时间,但是我们必须清醒认识到一个人的时间总是有限的,教师如何做好工作、研究、学习、生活等各方时间的平衡协调本就是一个两难话题,区域和学校层面也需要思考如何从机制层面提供支持保障以缓解教师的工学矛盾,尽可能为教师开展研究创设良好宽松的氛围。

第五节
教师开展学生学习研究的对策建议

通过前面四节对教师的实证调研分析可知,尽管教师普遍认同学生学习研究的必要性,且在教学、教研、科研中开展了多样化实践,但他们仍面临研究时间匮乏、方法工具单一、问题域狭窄、主体意识不足等现实困境。教师对学习规律的认知需求、对合作共同体的强烈意愿以及对实践支持的迫切期待,为对策的提出提供了精准靶向。基于此,我们结合调研数据与教育改革趋势,从拓宽研究视野、强化专业支持、创新研究路径、优化时间整合四个维度提出系统性建议,助力教师将研究意识转化为高质量实践。

一、关注学习科学的研究进展,拓宽学生学习研究视野

教师对学生学习的一般规律、学生学习研究的发展趋势、学生学习研究的主要内容等表达了比较强烈的了解需求,折射出理论滋养对实践突破的关键作用。学习科学作为融合认知神经科学、教育心理学、社会学的交叉学科,其研究成果为教师理解学生学习提供了多元视角。我们可以通过开发学生学习研究基础研修课程,构建学习科学通识研修体系,帮助教师了解学习科学的发展脉络、研究进展和前沿动态,从而对学生学习的基本内涵、本质特征、主要规律等有通识性的了解。我们还可以将学习科学理论与学科教学结合,为开展学生学习研究提供学理层面的参考依据,不断提升开展学生学习研究的理论视野。

二、搭建分层分类支持支架，弥合研究认知与实践落差

调研显示，教师在研究方法、选题方向、工具使用上存在显著需求差异，尤其在学生学习研究的认识层面与实践层面存在着明显的落差。一方面，区域教研、科研机构可以结合新课标改革要求，为教师提供开展学生学习研究的内容框架，编制学生学习研究选题指引手册，拓宽教师开展学生学习研究的问题域，进一步关注学生学习的社会情感支持、以学习者为中心的学习环境创设、跨学科主题学习、项目化学习等，探索提供相应的选题指南和选题指导。另一方面，开发具有一定科学性、操作性的工具包，整合课堂观察量表、数据收集工具，尤其加强新兴研究方法实操指导，为教师开展学生学习研究提供实用的方法引领和典型的研究样例，引领教师开展问题导向的实证研究，架构起学生学习研究认识层面与实践层面之间的桥梁。

三、构建多维协同研究共同体，激活多元主体共生效能

教师对教研组合作（80.7%）、学生参与（68.0%）的强烈意愿，揭示了共同体构建的实践价值。就现实情况而言，在建构涵盖高校、教科研院所、学校在内的研究共同体方面，目前已经有了很多比较成熟的做法和经验，但是对于教研组/年级组/备课组层面、跨学科教研组和综合教研组层面以及教师与学生层面的研究共同体构建，其中具体的组织样态、研究路径、研究策略、成果表达等还有待进一步的实践探索。

基于此，一是可以深化校内学科研究共同体，以备课组为基本单元定期开展学生学习研究，聚焦学科教学中的具体问题开展研究与实践。二是创设跨校、跨区域的研究联盟，依托学区和集团打造跨校学习研究创新共同体，鼓励不同学校教师围绕共性问题开展协作研究。三是探索"教师—学生"协同研究模式，可以尝试让教师与学生共同确定研究主题，学生作为"研究共同体成员"参与数据收集、现象分析、对策制定的过程，既能提升学生的元认知能力，又为教师提供更贴近学生视角的研究证据。

四、运用"教学即研究"思维,实现工作与研究深度融合

针对教师普遍反映的"时间不足"的实践痛点,需重构教学与研究的关系,将研究嵌入日常工作流程,形成"在教学中研究,以研究促教学"的共生模式。一方面,要注重开发"嵌入式"研究场景,将学情分析、作业批改、课堂观察等日常教学环节转化为研究数据采集场景。另一方面,要设计"轻量级"研究工具,通过研制课堂观察记录表、单元教学反思表等研究支架和工具,帮助教师在碎片化时间中积累研究素材、减轻研究压力。区域层面需要进一步推进教研、科研、师训的一体化设计,统筹教研活动、课题研究与教师培训,将教师的学生学习研究能力培养融入常规工作,实现"研训一体、学用结合"。

教师的学生学习研究,本质上是对"育人规律"的持续探索,既需要理论视野的高度,也离不开实践扎根的深度。上述对策建议紧扣调研中发现的"知易行难""供需错配""协作不足"等核心问题,通过理论赋能、工具支撑、共同体驱动和机制创新,为教师搭建从困惑到行动的转化桥梁。未来,需进一步强化学校制度保障、完善区域支持体系,让学生学习研究真正成为教师专业成长的内生动力,最终实现教师研究力提升和学生学习质量提高的双向奔赴。

第二章

研修支持：指向教师学生学习研究的课程建设

在发现教师在开展学生学习研究过程中的现状问题之后，如何系统提升教师的学生学习研究能力？第二章将重点聚焦"研修支持"，回应教师从"想研究"到"会研究"的关键跨越。教师的学生学习研究能力并非自然生成，而是需要通过精心设计的课程体系来培育。本章从成人学习理论、学生学习发展理论、教师专业发展理论出发，构建"理论奠基—方案设计—评价保障"的三维课程框架，将抽象的研究能力培养转化为具体的行动步骤，为学校和教师团队开展研修提供实践参考。

针对前述调查中发现的教师在学生学习方面的理念偏差、方法缺失、资源匮乏等问题，我们可以通过研修课程的形式进行系统的知识建构和能力培养，从而实现教师在学生学习研究方面的精准干预与素养提升。

与传统的教师培训不同，教师研修课程更强调以教师专业发展为导向，聚焦研究型、反思型能力培养，强调主动参与、合作探究、多元评价，注重长期持续的学习与实践转化。作为促进教师专业发展而设计的一系列学习活动，指向教师学生学习研究的研修课程旨在帮助教师提升教师对学生学习过程、规律及需求的研究能力，以更精准地回应教育教学中的实际问题，实现"教"与"学"的双向赋能。

第一节
指向教师学生学习研究的研修课程理论基础

建设指向教师学生学习研究的研修课程需要扎实的理论基础,需要多学科理论的支撑与融合,这是研修课程建设的底层逻辑。诸如成人学习理论、学生学习发展理论、教师专业发展理论等,这些理论从不同维度为教师的学生学习研究研修课程的目标设定、内容设计、方法选择及成效评估等提供依据。理解这些理论基础,能让课程设计者不是盲目复制经验,而是从学理层面把握教师的学生学习研究能力发展的内在机制,从而更好地助力教师深入理解和认识学生学习特点与规律,改进教育教学实践。

一、教师的学生学习研究研修课程理论框架

(一) 成人学习理论:把握教师学习特点

教师作为成年人,他们的学习方式和学生不同。因此,在建设指向教师的学生学习研究研修课程时,必须充分考虑教师作为研修对象的学习特点。成人学习理论旨在揭示成人学习的规律,主要包括了自我导向学习理论、转化学习理论、情境学习理论等,对我们开发与实施指向教师学生学习研究的研修课程具有重大的理论价值和实践意义。

1. 自我导向学习理论

美国教育学家马尔科姆·诺尔斯(Malcolm Knowles)是成人学习理论的代表性人物。他认为,成人学习者具有清晰"自我概念",随着个体的不断发展,其人格特征会逐渐成熟,并产生希望自己被看成独立个人的心理需要,此时"自我概念"也将会由依赖型转变成独立型。① 因此,成人学习的本质特征是"自我导向",独立性和自发性是成人学习的显著特点。

他提出了成人学习的具体步骤包含设置学习情境、诊断学习需求、明确学习目标、设计学习方案、开展学习活动、评价学习结果六大模块。② 同时,成人学习的特征是以学习者的主观需求和已有经验为基础、以解决问题为中心,并受学习者的内在动机驱动。③

因此,教师研修课程作为教师学习的重要载体,应当充分尊重教师的自我意识和自我管理需要,赋予教师更多自主权,允许教师根据自身教学实践需求和研究兴趣,自主规划研修目标,自主选择学习内容和方法,通过独立探究或小组协作的方式完成研修与学习任务,在研修实践中提升自主研究学生学习的能力。

2. 转化学习理论

转化学习理论由美国教育学家杰克·梅兹罗(Jack Mezirow)提出。该理论认为成人主要是通过过往经验形成对世界的理解框架,而这种理解可能因固化而限制认知。因此,"批判性反思"是转化学习的核心要素,是成人对于自身试图理解和解释某一经验的内容、过程或前提等进行批判性评估的过程。④

在进行批判性反思的过程中,需要学习者内部和外部的双重支持。成人学习者既需要在个体层面对自己的行为、信念进行反思,也需要外在的帮助来支持成人进行转

---

① 巨瑛梅.试析美国进步主义成人教育家林德曼和诺尔斯的成人教育思想[J].比较教育研究,1999(3):11—15.
② 戴鑫岳.诺尔斯成人学习理论的人本性研究[D].昆明:云南师范大学,2024.
③ 顾咸霜,肖其勇.诺尔斯成人学习理论视域下优化名师工作室运行效能的路径探析[J].继续教育研究,2021(10):17—21.
④ 田璐.成人学习理论下教师教育与教师专业发展再思考[J].继续教育研究,2022(1):46—50.

化学习。有研究指出,外部支持主要有三个条件:一,关系密切的人;二,轻松和谐的理性对话;三,较长期的鼓励与反馈。① 通过深入了解成人学习者的生活和工作情况,学习者内外部之间建立稳定、积极的信任和互动关系,以便学习者大胆表达自己的想法、开展自我审视与反思,从而使固有的思维习惯发生转变。

转化学习理论回答了"成人如何从'解决具体问题'走向'重构认知范式'"的问题。因此,在指向教师的学生学习研究研修课程中,也应关注教师的认知转型。不仅关注教师对于学生学习研究方法的掌握这一单一维度,更要进一步关注教师的学生学习观与学生学习研究观的转变,通过深度对话、实践体验等多种研修方式,帮助教师打破固化经验和思维定式,重构对学生学习和学生学习研究的认识,深刻理解学生学习研究对于师生成长的重要作用。

3. 情境学习理论

情境学习理论由美国人类学家让·莱夫(Jean Lave)和教育学家艾蒂安·温格(Etienne Wenger)提出,该理论以"合法的边缘性参与"为主要实践方法,强调学习本质上是个体通过参与真实情境中的实践共同体,逐步掌握隐性知识、技能和身份认同的过程。其中涉及一个关键概念就是"合法的边缘性参与",它是指允许学习者先从学习边缘的、琐碎的、看似不那么重要的事情开始,然后逐渐地接触较为核心的事情,直到最终完全参与到日常工作中,将学习看作是一个循序渐进、不断加深参与的实践过程。②

值得注意的是,情境学习理论将学习看作"参与"实践的过程,而不仅是知识的"积累"和"获得"过程。这启示我们,建设面向教师的学生学习研究的研修课程,要关注将理论与实践相结合,将课程任务与教师日常工作结合,嵌入真实的学生学习研究场景,引导教师将自身教学实践中的经验与理论知识相结合。构建学生学习研究的实践共同体,支持教师从边缘性参与逐步过渡到全自主参与,使教师在解决实际问题的过程中掌握研究学生学习的方法,从而实现在教学中研究、在研究中教学。

---

① 唐莉蓉.美国成人转化学习理论发展研究[D].重庆:西南大学,2015.
② 周靖毅.情境学习理论视角下教师培训模式的变革[J].教育理论与实践,2017,37(4):33—37.

(二) 学生学习发展理论:理解学生学习机制

学生学习发展理论是探讨学生在认知、情感、社会、道德等方面如何成长与变化的理论体系,旨在揭示学习过程的内在机制和发展规律,内容包括了认知发展理论、建构主义学习理论、社会文化理论等等。这些理论能够帮助教师理解学生在不同阶段的认知、情感、道德发展规律,掌握"以学生为中心"的教学设计与实施策略,为教师提供"读懂学生"的认知框架。

1. 认知发展阶段理论

瑞士心理学家让·皮亚杰(Jean Piaget)认为,平衡是认知发展得以发生的主要机制。为了获得和维持平衡,儿童的认知图式或认知框架会发生两种形式的改变,即同化(将新经验纳入现有认知图示)和顺应(调整现有图式以适应新经验)。正是同化与顺应的共同作用,促进了认知的发展。

他将儿童认知发展划分为四个连续且不可逆的阶段,包括感知运动阶段(0—2岁)、前运算阶段(2—7岁)、具体运算阶段(7—11岁)和形式运算阶段(11岁以上)。[①] 每个阶段都具有独特的思维方式和认知能力。他认为,儿童的认知发展是一个连续的、阶段性的过程,而认知发展阶段是整体性的结构,是一种适用于多种任务的一致的思维方式。[②]

认知发展理论揭示了学生学习的内在机制,阐述了学生在不同阶段的认知特点和发展规律。例如前运算阶段儿童具有象征性思维、自我中心、泛灵论等特征,具体运算阶段具有守恒能力、可逆思维、去自我中心等特征,形式运算阶段具有抽象思维、系统思维、演绎推理和反思能力等特征。

这一理论为教师理解学生的思维特点、设计教学内容、实施教学策略和开展个性化指导提供了关键依据。因此,指向教师的学生学习研究研修课程应帮助教师了解不

---

① 王振宇. 儿童心理发展理论[M]. 上海:华东师范大学出版社,2000.

② 王光荣. 发展心理学研究的两种范式——皮亚杰与维果茨基认知发展理论比较研究[J]. 华中师范大学学报(人文社会科学版),2014,53(5):164—169.

同发展阶段学生的思维发展变化特点,从学生的认知特点和学习的内在机制出发,引导教师设计更符合学生认知水平的教学活动和学习任务。

2. 社会文化理论

社会文化理论由苏联心理学家维果茨基(L. S. Vygotsky)提出,该理论强调社会文化因素在人类认知功能的发展中发挥着核心作用。他认为,学习是个体在社会文化环境中通过与他人互动进行的,儿童一切复杂的心理活动形式都是在交往过程中形成的,是各种活动、社会性相互作用不断内化的结果。[①]

这一理论有一个非常重要的概念——"最近发展区",它是指个体独立解决问题的实际发展水平与在成人指导或同伴合作下解决问题的潜在发展水平之间的差距。该理论认为,在学生的学习过程中,教师和同伴可以通过"脚手架"提供暂时性支持,帮助学习者跨越最近发展区,逐步实现独立学习。

基于此,研修课程需引导教师认识到课堂是一个社会文化环境,鼓励教师在教学中创设合作学习情境,促进学生之间的互动与交流,还要引导教师在教育教学实践中运用社会文化理论。例如:在学情分析时关注学生的最近发展区,分析学生现有能力与潜在能力的差距。在课堂实施中运用支架理论,为不同层次的学生提供适当的学习支持,促进学生的有效学习。让教师将理论转化为可操作的学情分析、教学支持与互动策略,最终提升其"研究学生学习"的专业能力。

3. 建构主义学习理论

建构主义强调学习者应当主动地建构自己的知识,而非被动地从环境中接受知识[②]。该理论认为,学习是一种带有反思性色彩的智慧活动,这种活动使学习者能够应用先前经验来理解或评价当前所处的状态,进而影响未来的活动,形成新的知识,即学习是再创造的(教育)活动。[③]

---

① 于冰. 国外"社会—文化"视角下科学学习理论研究的进展与启示[D]. 长春:东北师范大学,2011.
② 托马斯·费兹科,约翰·麦克卢尔. 教育心理学——课堂决策的整合之路[M]. 吴庆麟,等,译. 上海:上海人民出版社,2008.
③ 王沛,康廷虎. 建构主义学习理论述评[J]. 教师教育研究,2004,(5):17—21.

基于建构主义学习观,教师在教学中应当为学生提供发现新知识的机会,同时要为学生提供复杂的学习体验以及合作思考的机会,以便学生进行知识整合和社会建构。因此,研修课程应帮助教师理解这一理论,认识到学生不是被动接受知识的容器,而是知识的主动建构者。教师的角色与定位应是"意义建构的促进者",而非"知识的传递者"。研修课程中可通过微格教学、实践体验等多种方式,让教师尝试以学生为中心的教学方法,引导教师在教学中理解学生经验、创设情境、支持互动与反思,从而促进学生自主建构知识,充分发挥学生的主体性,帮助教师从"关注知识传授"转向"研究学生如何建构知识",最终提升教师的专业能力。

(三) 教师专业发展理论:明确研修目标与路径

教师专业发展理论为教师的学生学习研究研修课程提供了理解教师成长规律的参考框架。用实践反思与共同体构建破解教师在学生学习研究中的实践困境,借助教师专业发展的阶段理论实现精准赋能,旨在通过研修课程促使教师从"经验型"走向"研究型",使其既能敏锐捕捉学生学习的细微线索,又能系统运用理论工具设计促进性学习环境,真正成为"学生学习的研究者"。

1. 实践反思理论

约翰·杜威(John Dewey)是第一个把教师视为反思性实践者和在课程建设与教育改革中发挥积极作用的专业人员的教育理论家。[①] 他提出了"反思性思维"的概念。唐纳德·舍恩(Donald Schön)在《反思性实践者:专业人士如何在行动中思考》中进一步提出"反思性实践"理论,他认为反思的本质是经验的再建构,即通过对实践过程、结果及潜在假设的回顾与分析,识别问题背后的原因,从而修正认知框架,这种反思紧密围绕具体的实践场景,具有明显的情境性和实践性。

反思性实践是一个促进教师专业水平提升的过程,又是促进教师自我变化的有力工具,包括了发现问题、观察分析、理论重构、主动实验四个基本环节,[②]强调教师应当

---

① 卢真金.反思性实践是教师专业发展的重要举措[J].比较教育研究,2001,(5):53—59.
② 熊川武.论反思性教育实践[J].教师教育研究,2007,(3):46—50.

在真实情境中通过反思调整自身的行为策略。同时,实践反思是具有双重维度的,既包括了对行动的反思(实践结束后的系统复盘),也包括了在行动中反思(实践过程中的及时调整)。在此过程中,理论和实践在反思中相互生成,为教师突破经验瓶颈、实现从"教学实践"到"教育研究"的进阶提供了理论路径。

因此,在指向教师学生学习研究的研修课程建设中,也应当将反思贯穿全程。例如,可以在课程内容设计中加入教育教学反思工具介绍,引导教师撰写教学反思日志、进行教学案例反思等,鼓励教师进行技术性反思、实践性反思和批判性反思。通过过程性评价和结果性评价相结合的形式,促进教师"在行动中反思"和"对行动的反思",从"教学执行者"转向"学生学习的反思性研究者",在自身教育实践中生成问题解决方案,实现从实践到理论再到实践的螺旋式上升,最终提升学生学习研究的专业性与实效性。

2. 教师学习共同体理论

教师学习共同体理论源于社会学和教育学的交叉研究,该理论认为教师专业发展并非孤立的个体行为,而是通过教师群体在共同目标引领下,通过协作、对话、反思与知识共享,形成相互支持、共同成长的学习型组织。美国学者埃内斯特·L·博耶尔(Ernest L. Boyer)在《基础学校:学习的共同体》中首次将"学习共同体"作为教育学概念提出来,他认为在学校建立有意义的教师学习共同体是当前最重要的任务。[①] 米尔顿·克斯(Milton D. Cox)提出了教师学习共同体的概念,将其定义为跨学科的教师和学校职员组成的学习团队,通过协作解决教学问题。[②] 佐藤学(Manabu Sato)提出教师应从"知识的传授者"转变为"学习的同伴者",构建以学生学习为中心、教师协同研究为纽带的共同体,提倡所有教师的教学都要互相公开并且彼此间坦诚地互评,从而来提高教师作为教育家的专业性。[③]

教师学习共同体具有共同目标与愿景、合作与互动机制、知识共享与建构、反思与

---

① 胡梁园. 教师学习共同体实践研究[D]. 喀什:喀什大学,2018.
② 詹泽慧,李晓华. 美国高校教师学习共同体的构建——对话美国迈阿密大学教学促进中心主任米尔顿·克斯教授[J]. 中国电化教育,2009,(10):1—3.
③ 吴井娴. 通过对话来学习:佐藤学的学习共同体述评[J]. 上海教育科研,2016,(1):40—43.

批判性思维、制度性支持和可持续性等关键性要素。因此,在建构教师学习共同体时,应致力于促使教师形成共同领会、坚定一致的信念,在相互从属、交互关系中提升沟通合作能力,激发教师学习动力,同时保持努力追求并进行职业规划。①

在研修课程建设中应充分关注教师学习共同体理论,通过教师之间的合作、交流与分享促进其专业发展。例如,可以构建线上线下相结合的学习共同体,组织教师围绕学生学习研究开展主题研讨、课题合作等活动。围绕学习动机、学习情感、学习环境等问题,分享研究成果和教学经验,在相互学习与支持中提升对学生学习的研究能力和教学水平,实现共学、共研、共成长。

3. 教师专业发展阶段理论

教师专业发展阶段理论旨在揭示教师从新手到专家的成长规律。富勒(Frances Fuller)的"关注阶段理论",强调教师发展过程中通常会先后经历教学前关注、早期生存关注、教学情境关注、学生发展关注四个阶段,教师从关注自我(如课堂管理、生存压力)逐步转向关注学生(如学习需求、个体差异)。② 费斯勒(Fessler)的教师职业生命周期循环论,将教师职业发展放在环境和组织中进行考察,提出了一种动态的、非线性的发展模式,具体包括了职前教育、职初期、能力建构期、热情与成长期、职业挫折期、稳定与停滞期、职业消退期、离岗期。③ 伯林纳(Berliner)根据教师教学专业知识与技能的学习和掌握情况把教师专业发展划分为新手阶段、熟练新手阶段、胜任阶段、熟练阶段和专家阶段五个阶段,④强调了教学认知与实践能力的渐进提升。

基于上述研究发现,不同阶段的教师在专业知识、教学技能和研究能力等方面具有不同特点和需求。因此,指向教师学生学习研究的研修课程应当充分尊重教师专业发展的阶段性差异,避免"统一标准"和"一刀切",需依据教师所处的发展阶段,制定分层分类的培训目标和内容。例如,针对新手教师,侧重基础教学技能和学生学习特点的入门培训;对于专家型教师,则提供更高层次的学生学习前沿研究和教学创新实践

---

① 姚盼. 中小学教师学习共同体运行机制研究[D]. 宜昌:三峡大学,2024.
② 姚佳. 基于教师发展阶段理论的苏州市中小学体育教师专业发展研究[D]. 苏州:苏州大学,2017.
③ 张琳. 教师专业发展阶段理论研究述评[J]. 创新创业理论研究与实践,2018,1(22):22—23.
④ 罗晓杰. 国内外教师专业发展阶段研究述评[J]. 教育科学研究,2006,(7):53—56.

培训。通过分层、递进的课程内容和评价,关注教师个性化成长轨迹,促进教师自我更新,助力不同阶段教师实现专业成长。

二、理论基础对教师的学生学习研究研修课程的启发

以上的这些理论基础从教师学习特点、学生学习机制、教师专业发展等多个层面,为开发"指向学生学习研究的教师研修课程"提供了坚实的理论支撑。一方面,这些理论为研修课程提供了系统性的框架。例如教师专业发展阶段理论、成人学习理论等揭示了教师学习与发展的规律,有利于明确课程的目标定位。另一方面,这些理论也为研修课程提供了方法论的支持。例如认知主义、建构主义等学习理论有利于课程内容的结构化设计,教师学习共同体理论、实践反思理论等为课程的实施形式提供了策略参考。由此可见,这些理论基础就是研修课程的骨架,为课程设计、实施和评估提供了科学的逻辑框架、实践依据和创新源泉。

(一) 课程内容:要从问题引入走向问题解决

基于上述理论框架,我们认为研修课程应进一步关注问题导向,基于教师教育教学中的真实问题情境,将其作为活动的出发点和依据,需要深入关注核心问题的解决,可以通过案例分析等多种形式再现问题情境,让教师深切感知到问题所在,提升教师在教育情境中的问题解决能力,以便更好地迁移至日常教学中,从而提高教师研修课程的实用性。

可以学习参考首要教学原理和PTCP内容组织模式。① 在借助问题情境引出话题的基础上,我们通过剖析问题产生的原因,为教师提供解决问题的原理、方法和技巧,并引导教师用学到的原理方法和技巧分析具体案例,从而在进一步应用中达到对知识和技能的深度理解。最后教师能独立应用所学原理、方法和技巧等解决自己实践中的问题。

---

① 陈霞.教师培训课程设计[M].上海:上海教育出版社,2019.

(二)课程实施:要从单一学习走向多元学习

不同于传统的线下或线上的单一学习方式,我们可以在课程实施上灵活使用集体教学、分组教学、个性化学习等多种方式,关注学员个性需求,加大对薄弱教师的关心支持。加强基于互联网、移动终端的网络课程开发,尝试线上线下融合的多元学习方式,使学习随时、随地、随处发生。不仅能使课程形式更加多元,也更能紧密结合教师的个性化需求,让学习融入教师日常生活,促进教师成为自我为导向的学习者,更符合"泛在学习"的教育新趋势。

(三)课程形式:要从教师培训走向教师研修

与传统意义上的教师培训课程不同,教师研修课程是基于教师专业发展的实际需求,由开发者和教师共同总结的一系列经过筛选的、符合教师心理特点的、具有内在一致性的经验。研修课程更加重视教师的实际需求和问题解决,促进教师主动、深入、系统地学习,具有主题化、序列化、课程化特点。

因此,在课程开发与实施过程中,我们要进一步关注从培训者的"教"转向学员的"学"。在课程内容上我们要关注学员的已有经验和发展需求,鼓励学员在研修过程中共同建构经验、提升问题解决能力。在课程实施上我们要将传统的培训讲授转化成多样化的、以学员为主体的主动参与、互动研讨等形式。在课程评价上我们不仅关注于课程中相关知识、技能的掌握,更要关注学员的素养和终身可持续发展,从而实现从教师培训到教师研修的形式转变。

第二节
指向教师学生学习研究的研修课程开发

如何将研修课程的基本理论转化为可落地的研修方案？我们聚焦课程设计，详解从理念确定、目标厘定到框架架构的课程开发全流程，以期解决教师在学生学习研究方面的短板与问题。

一、确定课程理念是前提

课程理念是课程的灵魂，决定了课程目标的基本定位，指引着课程实施的基本方向，是课程开发的根本出发点。作为面向提升教师的学生学习研究能力的课程，我们确立了"发展为本—能力为重—实践为要"的课程理念。

发展为本。本课程的目的是提升教师开展学生学习研究的基本素养、促进教师专业成长。通过不断提升教师研究学生学习的理论水平和实践能力，让教师更好地发现教育实践中的"真问题"，解决学生发展过程中的"真需求"，在促进教师专业发展的过程中，助推学生的成长与发展。

能力为重。课程应当聚焦教师学生学习研究的理论知识、实践能力和综合素养的深化与提升。通过学习和实践不断提高教师的学生学习研究意识，促进教师掌握先进的教育理念和研究方法，解决教育问题、改进教育实践，把握学生学习的规律和特征，不断提高教师的专业水平和能力。

实践为要。课程应强调实践性和综合性，关注来自教师日常教育教学中有价值的关键问题,或者社会、家长关心的热点问题。遵循"从实践中来,到实践中去",我们以教师日常学生学习研究实践中的真实问题与需求为基本导向,帮助教师发现日常教育教学中的问题,并通过研究尝试解决问题,从而改进学生学习研究的教育生态与实践现状。

二、厘定课程目标是导向

结合前期调研中发现的问题,我们研究制订了满足教师层次水平和发展需求的课程目标。

结合课程目标撰写的 ABCD 模式,即教学目标应包括行为主体(Audience)、行为动词(Behavior)、行为条件(Condition)和表现程度(Degree)四项要素。本课程的目标主要分为三条:1. 了解并认识学生学习研究的概念内涵、价值意义、历史脉络、国际动向和未来趋势等;2. 知晓开展学生学习研究主要内容的维度框架,并初步明确自身开展学生学习研究的基本方向;3. 掌握两种及以上常见的学生学习研究方法,并能够有效应用于实践研究中,形成方法应用的相应样例。

三、建构课程框架是核心

我们尝试运用"金字塔原理"设计课程内容结构。"金字塔原理"认为任何事情都可以归纳出一个中心论点,中心论点由若干分论点支持,分论点又由若干论点或论据支持,从而形成一个由上到下的金字塔形状。[①]

我们在设计课程内容框架时,第一步,先确定课程主题(中心论点),即教师如何开展学生学习研究;第二步,确定主题下位的、具有结构化的课程模块(分论点),共分为三个模块:教师开展学生学习研究的通识概览、教师开展学习学习研究的内容建构、教师开展学习学习研究的方法应用;第三步,设计模块下的各个专题(论据),我们聚焦教师开展学生学习研究的重点环节,分别从内容维度和方法维度等方面展开,具体分为

---

① 陈霞,万立荣,杨兰,顾思羽. 化经验为课程——教师培训课程设计 50 讲[M]. 上海:上海教育出版社,2021.

若干专题;第四步,将每个专题内容再细分为多形态的单元活动。运用统合思想,使课程内容紧密围绕培训主题与课程目标,各课程模块之间、各模块的专题之间,呈现出一定的逻辑性和结构化特征。

第三节
指向教师学生学习研究的研修课程实施

　　课程开发工作完成之后,我们通过组建教师学习社群、优化课程实施模式、强化研究工具支持等多种形式,全方位助推课程的有序推进和顺利实施,形成了课程实施的基本路径。

一、形成教师学习社群

　　本次课程主要面向区域内各学段对学生学习研究感兴趣、有志于提升自身研究学生学习能力的青年教师,由各校教师根据自己的实际情况和需求进行自主报名,共有来自高中、初中、小学、幼儿园的 16 位青年教师参与。

　　社会建构主义理论认为,学习是群体对意义进行协商与建构的过程。通过群体间的互动、分享与对话,意义得以建构,学习得以发生。为了打破不同学校教师之间的沟通"壁垒",增加教师之间的亲近感和熟悉度,我们试图营造宽松、和谐的课程文化,促使来自不同学段、不同学校的青年教师在研修课程的平台上相互融合、碰撞发展,树立合作共赢的团队目标,打造民主宽松的学习氛围,构建和谐融洽的组内关系,从而形成凝心聚力的共同愿景,不断推动并实现青年教师的专业发展。

　　我们对全体参训教师开展了有关性格特质的心理测试,将同一选择的教师分为一组。基于教师的共性特质组建学习社群,通过团队设计队名、绘制海报、组建交流群等破冰游戏加深对彼此的认识。学习社群的建立为教师同伴学习、团队学习提供了支持,让青年教师们有机会共享不同的观点和经历,促进团队之间的理解和联系,助推青年教师在自我学习、小组交流与团队合作中实现心智模式的转变和素养提升。

二、优化课程实施模式

结合"发展为本、能力为重、实践为要"的课程理念,我们在课程实施中综合运用专题讲座、案例分析、小组研讨、实操体验、现场观摩、交流展示、个别指导和自主阅读等多种方式,关注青年教师在解决问题过程中活化知识、内化技能,通过在具体的情境中解决任务培养教师的学生学习研究的关键能力。

我们在课程实施时重点关注参与性与情境性,不断优化课程实施模式。一是强调基于情境开展培训,我们在课程中设计了大量的小组研讨、案例分析、投票推荐等互动环节,调动教师学习的积极性与主动性,让教师在充分的参与、互动、体验与实践中建构新知识,实现深度学习。二是聚焦研究技能操作与体验,帮助教师把握操作要点和关键节点,在启发学习中形成思考路径,掌握研究工具的使用方法,形成有效的思维方式。例如,在讲解调查法、观察法、文献法等研究方法时,结合相关内容鼓励教师进行大胆操作尝试,动手设计问卷星问卷、结合情境设计观察记录表、绘制文献综述思维导图……通过多样化的互动环节将理论与实践相结合,使青年教师充分整合自己已有的知识经验,并在操作体验中发展认知、转化行为、积累经验,从与同伴的交流中获得新的灵感和启发,找到研究的生长点和原动力。

三、强化研究工具支持

教师开展学生学习研究涉及多个环节,包括研究选题、数据收集、统计分析、成果梳理等,具有一定的复杂性。而在前期的理论基础研究中,我们发现教师作为成人学习者具有丰富的教学实践经验,但教师的学习往往追求结果导向、强调实用优先,希望通过研修学习解决实际操作中的问题。因此,需要为教师提供一些切口小、上手快、易操作的小方法、小工具和小技巧,通过多样化的研究工具支持教师开展学生学习研究。课程中,我们先后为教师提供了研究选题工具表、知网研学平台、"微词云"词频分析工具、教育案例要素表等工具资源,有力支持教师开展学生学习研究。

一方面,研究工具能帮助教师提升研究效能、降低研究门槛。正如第一章中有关教师开展学生学习研究的调研发现,多数教师在开展学生学习研究时都存在"教学任务重、研究时间少"的矛盾。如能提供给教师一些支持性的研究工具,可以有效节约重复性劳动的成本,解决教师在研究操作和实践推进中的技术问题,从而让教师有更多的时间和精力思考有关学生学习研究现象背后的深层次原因。

另一方面,这些研究工具将抽象的研究方法转化为具象、可操作的资源集合,有利于形成可操作、可复制、可推广的研究资源,促进学生学习研究的共享和辐射,也会为更大范围的研究实践提供资源支撑,帮助教师在潜移默化中建立研究的逻辑规范,起到规范研究流程的重要作用。

四、开展导师伴随指导

在课程研修的过程中,我们为每位学员配备了"双导师",通过学段科研员和学科领域专家的双重指导,不断提升教师的学生学习研究素养。学段科研员聚集本学段的学生特点和通识要求,学科领域专家则关注学科知识和教学策略。双导师协同配合,兼顾了学段适宜性和学科特异性,为教师开展学生学习研究提供更全面的指导帮助。

在双导师指导的过程中,重点突出伴随式特点。伴随式指导的核心价值在于通过持续性、个性化的专业陪伴,帮助教师突破研究瓶颈、提升研究效能。一方面,伴随式指导能够在教师开展学生学习研究的全周期中随时进行指导,帮助教师解决研究各个阶段的难点问题。通过日常个性化的通讯答疑解惑、研究现场介入指导、研究成果打磨完善等多种途径,提供满足教师个性需求的指导支持,让导师成为教师研究路上的"同行者"。另一方面,伴随式指导还能够为教师提供持续的情感支持。教师在进行学生学习研究时,不仅需要方法指导,更需要情感支持。在导师的伴随式指导下,导师与教师建立长期的信任关系,能够帮助教师克服研究中的困难,坚持完成研究任务。因此,伴随式指导能有效提升教师在开展学生学习研究时的情感支持和身份认同,降低一线教师对学生学习研究的畏难情绪。

第四节
指向教师学生学习研究的研修课程评价保障

课程评价是以科学的方法衡量课程的目标达成、组织实施等基本情况，能够有效检验课程设计的效果，是课程持续优化和改进的基础，是课程有效实施的重要保障。

一、建构评估模型

研究中，我们试图将过程性评价、结果性评价相结合，构建以"学员参与—学员学习—学员反馈"为主要维度，凸显"激励—诊断—导向"功能特点的课程学习评估模型，切实提高培训效果评估的系统性和科学性。

课程评价的激励功能旨在通过评价使参训教师更加明确培训的目标和努力方向，激发他们将外在压力转变为自觉的动力，从而保证培训效果。为此，我们对"学员学习"与"学员参与"维度采取过程性评价和结果性评价相结合的方式。过程性评价主要考量教师活动考勤和递交作业等情况，通过评价促进青年教师的自我加压、促进青年教师的专业发展、促进教育研究的持续生长。结果性评价主要从青年教师学生学习研究实践案例的选题方向、文本撰写、实践成效等维度进行考量。通过设计作业评价量规，能够较为客观地衡量青年教师各项任务的完成情况，在评价时尽量做到客观统一、有据可循。同时，通过评价前置，在发放学习任务时同步发放评价量规，便于教师明确学习目标，更好地完成评价任务。

表 2-1 课程学习评估模型

维度	内容	要求	功能
学员参与	学员日常出勤、作业提交等情况	1. 研修考勤(基础分:15 分) (1) 迟到:以研修活动正式开始 10 分钟为界限,超过 10 分钟还未参与视为迟到;迟到一次扣 1 分。 (2) 早退:在研修活动尚未结束时提前离开视为早退;早退一次扣 1 分。 (3) 缺勤:以研修活动正式开始 20 分钟为界限,超过 20 分钟还未参与视为缺勤;缺勤一次扣 3 分,缺勤 3 次将无法拿到学分。 2. 研修作业(基础分:15 分) (1) 迟交作业:在截止日期前未按规定递交作业之后补交扣 2 分。 (2) 未交作业:截止日期过后 1 周仍未递交作业算作一次未交作业,扣 5 分;3 次未交作业将无法拿到学分。	激励
学员学习	学员达成培训课程目标及学习表现情况	1. 结果性评价量表(满分 70 分) 2. 加分项(满分 30 分) (1) 分享学习资源(封顶 10 分):主动在研修课程中分享自己获取的学习资源且针对性强、质量较高,一次加 2 分。 (2) 小组研修贡献(封顶 10 分):积极参与小组研修活动,对小组学习成果作出贡献;视情况加分。 (3) 大班研修贡献(封顶 10 分):主动分享研修感悟和经验,敢于质疑和提出自己的思考,一次加 2 分。	
学员反馈	学员对课程内容、实施、管理等的满意度情况	1. 课程即时评价 2. 课程中期评价 3. 课程整体评价	诊断与导向

诊断功能旨在了解培训对象的满意度,检测培训方案成效,了解培训目标是否实现、方法是否得当、内容是否适宜。在"学员反馈"维度通过问卷星的形式开展即时评价,即每次活动后请参训教师对当天活动内容、形式等进行即时反馈,收集相关意见和

建议,以便及时调整后续活动安排。

导向功能旨在发现培训系统各个环节存在的问题,为后续培训工作的改进提供依据。通过设计培训满意度评价表,我们对课程团队教学表现、课程方案及内容设计等方面的实际效果进行科学评价,对活动进行整体反馈,了解课程内容、实施、管理等的实际情况。

通过课程学习评估模型,我们对参训教师及培训课程两个主体进行评价,结合评价结果将课程方案文本在实践中尝试应用、调整完善,不断优化课程的内容和组织形式,推动课程的更新完善与迭代改进,提高课程实施质量,使评价先于教学、导引教学。

二、强化组织保障

课程的组织保障是课程设计与实施的重要基础。通过课程团队建设和资源统筹协调,有效保证课程顺利推进、有序实施。在课程团队建设方面,我们以区域科研员为核心,吸纳区域科研中心组、学校校长和科研负责人共同参与,在实践中探索教研、科研、师训一体化工作管理和运作新模式,尝试借助教、研、训整合式助推教师专业成长。我们充分发挥课程团队成员各自优势,明确分工和职责,课程团队既是课程的开发者,承担了设计课程内容、组织学习材料、收集学习资源等任务;同时也是课程的实施者,需要进行学习需求分析、主持相关课程、开展课程评估。在此过程中,一方面,由区域科研员引领一线教师认识并掌握了具有科学性、实用性的学生学习研究技能,解决教育教学中的实际问题;另一方面,区域科研员也在课程开发与实施的过程中,积累了课题研究指导与服务方面的实践经验,助力了科研员的专业发展,从而实现了一线教师和科研员的双重成长。

在资源统筹协调方面,我们做好课程的组织协调工作,盘活各类资源,进一步发挥了有限资源的共享价值和利用效率。我们通过整体的统筹梳理、优化配置,充分协调课程实施所需的设施及资源,与青年教师共享活动场地、设备及工具材料,为课程推进提供了有力的物质支持和设施保障。此外,我们积极为青年教师推荐参考书目及学习材料,展现各校青年教师的学习、研修情况,创建了学习资源的共享平台,搭建了教师专业培养的展示和交流平台。

通过研修课程的形式提升教师的学生学习研究素养,本质上是回应教育变革对教师专业能力的深层需求,以及学生学习复杂性对教师认知升级的挑战。通过研修课程的结构化设计,帮助教师完整认识学生学习研究,通过协作式学习、反思性实践,提供了研究共同体的良好生态,帮助教师在实践体验中进行研究方法的规范性训练,促进研究能力的深度转化。研修课程不仅是传递"如何研究学生学习"的技术,更重要的是培育教师对于"为何研究"的专业自觉与"持续研究"的成长动力,最终让教师实现从"经验型教学"到"研究型实践"的转型。

第三章

教师开展学生学习研究的案例分析

在理论奠基与方法论构建之后,教师如何将这些知识转化为实际的教学行动? 第三章聚焦"案例解析",从内容主题与方法应用两个维度出发,精心挑选来自不同学段、不同学科、不同教育场景的真实案例。在内容主题层面,选取了学习情感、学习方式、学习环境、作业设计等重要议题;在方法应用层面,涵盖了文献研究法、比较研究法、调查研究法、课例研究法和马赛克法等多种传统与新兴研究方法。这些案例如同生动的教学画卷,徐徐展开一线教师在学生学习研究中的探索之旅。通过对案例的深入剖析,试图揭示教师在研究过程中的创新思维与实践智慧,助力教师在实际教学中更好地开展学生学习研究,从而提升教学的有效性和针对性。在教育实践中,案例分析是连接理论与实际应用的关键环节。本章从内容主题与方法应用两个维度出发,选取不同学段、不同学科、不同教育场景中的教师开展学生学习研究的真实案例。以期为教育研究者和实践者提供一幅教师开展学生学习研究的案例图景。

第一节
内容视角：教师开展学生学习研究的案例分析

一、以学习情感为内容主题开展学生学习研究

学习情感是学习者在认知活动中产生的态度与体验，涵盖动机、兴趣、自尊、意志、合作能力等多元情感因素。具体而言，它是学生对教师、教学内容、学习过程及环境的心理反应，直接影响学习行为的投入度和效果。积极情感能显著提升学习动机，促使学生主动参与课堂互动并克服困难。比如，孔子提出的"知之者不如好之者，好之者不如乐之者"即强调积极情感对学习的驱动作用。心理学研究进一步指出，情感与认知密不可分，积极情感能激活大脑奖励系统，促进注意力集中和记忆深化，进而作用于学习效果。此外，情感体验也会影响学生对学科的偏好和职业规划，积极情感可能促使其持续投入某一领域，而负面体验则可能导致学生有意回避这一学科的学习。

随着研究的日益深入，我们发现仅仅关注学生个体在学习中的内在体验是远远不够的，学生与自我、与他人、与集体的关系都是非常重要的维度。换言之，无论是对于个人还是社会的成功而言，社会情感能力都是重要的影响因素。社会情感能力是儿童和成人在成长和发展的复杂情境中掌握并应用的一系列与个体适应及社会性发展有关的核心能力。① 旨在培养学生社会情感能力的社会情感学习正在成为很多国家教

---

① Osher David, et al. Advancing the science and practice of social and emotional learning: Looking back and moving forward [J]. Review of Research in Education, 2016, (1):40.

育政策和实践的优先选择。① 研究重心从关注个体在学习中的内在体验逐渐过渡到强调情感能力在人际互动与社会适应中的应用。下面我们一起来看一个在课堂教学中融入社会情感学习的实践案例。

（一）案例链接

如何在课堂教学中融入社会情感学习——以《识字4：日月水火》一课的教学为例②

《识字4：日月水火》出自部编版语文教材一年级上册，本课采用象形字识字的方法，图片与汉字对照，具有以象示意的特点。

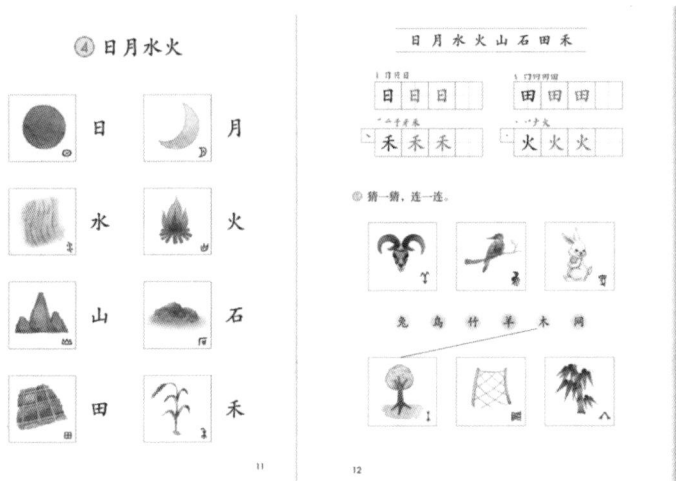

图3-1 《识字4：日月水火》教材

---

① 沈伟,王娟.社会情感学习为国家人才培养带来了什么——基于政策流动的视角[J].教育发展研究,2019,39(20):8—17.

② 本案例节选自:侯淑慧.如何在课堂教学中融入社会情感学习?——基于F小学的案例研究[D].上海:华东师范大学,2023.

一、教学目标中的社会情感能力指向

表 3-1　教学设计中的目标和重难点设计

教学目标	1. 通过观察,发现图画与汉字的关系,准确认读"日、月、水、火"4 个生字。 2. 会写捺、点 2 个笔画和生字"火"。 3. 初步了解象形字的构字特点,感受其魅力和乐趣。
教学重难点	1. 初步了解象形字的构字特点,借助图画识记生字。 2. 按笔顺规则正确书写"火"字。

在课后访谈中,授课教师提到"这是一节识字教学课,识字教学就是以识字为目标",因此教师希望学生在本节课上通过观察、探究,了解图画与汉字的关系,既对学生提出了"识字"要求,也提出了"写字"要求。对于育人方面的指向,授课教师将之理解为"让学生感受汉字的魅力""识字教学不是简单地为了识字而识字""以前的识字教学可能我教给你认识生字、读生字、写生字,会读会写就好了,但是现在,我们讲课程育人,在汉字教学里,育人就是要由字及人,一方面最重要的是,我们现在会联系汉字的演变,比如甲骨文,让学生在识字的过程中去感化他对汉字的激情,去感受我们中国的传统文化,另一方面一年级也是刚刚接触语文的阶段,我也希望我的学生能够由字到文,爱上语文,培养一种愿意去识字的愿望、乐于去识字的习惯,为以后的学习打好基础"。在这里可以看出,在教学目标维度,授课教师首先是从教材内容,尤其是识字教学的性质出发来思考育人,在目标叙写中体现了"感受汉字的魅力和乐趣"这一宏观指向;而在访谈中,教师则提到了"希望我的学生能够由字到文,爱上语文,培养一种愿意去识字的愿望、乐于去识字的习惯",从社会情感学习的视角来看,这里涉及了社会情感能力中的自信指标(激发和保持良好的动机)。由此可见,教师既意识到了教材内容本身所蕴涵着的情感指向,也抱有激发学生学习动机和习惯的育人指向。前者被显性化在了教学设计文本里,而后者则隐性成了教师本人对学生的期待,二者均属于教学目标中的社会情感学习。

二、教学内容中的社会情感能力指向

课文中的"日、月、水、火、山、石、田、禾"这些独体象形字都配有图片、古文字和现代汉字,一并呈现,图片与汉字对照,实际上这一课就是要告知学生,这些字就像一幅

简笔画,这样的汉字就叫象形字。授课教师在导入象形字时,呈现了这些象形字的造字规律,请学生们观察屏幕上的图片和文字,对学生们说:"看! 我们的老祖宗多聪明呀,根据事物的样子创造了一个又一个古汉字,让人一看就能知道字的意思。"这里,对汉字魅力的领悟不是教师直接告诉学生"汉字很有魅力",而是将宏观的对汉字的热爱具象化为"我们的老祖宗多聪明",在这里,汉字教学不仅仅是教授学生汉字的书写和意义,同时授课教师也通过汉字的历史、文化、背景等方面的介绍,讲解某个汉字的来源、演变历程、文化内涵等,让学生了解到汉字背后的文化价值。这旨在"增强学生对汉字的认同感和尊重感,同时也能激发学生对中华文化的兴趣和热爱"。这一点教学内容的设计涉及对学生的社会情感能力-集体意识(集体感、归属感)的观照。

三、教与学过程中的社会情感学习融入样态

(一) 学习任务与问题提出:动机、信心与积极性激发

在本节课中,教师为学生提供了有意义、富有挑战性的学习任务。例如,教师设计了"找出对应的生字卡片""学字形、学读音、练组词""学笔画、学写字"等学习任务,在提出这些任务时,教师常采用的提问方式是"谁来当当小老师?""谁来帮帮我?"等,这为学生的动机与积极性激发、进取心激发、自我效能感、自我调控能力等创设了条件。

(二) 讨论与交流:倾听、理解、尊重、包容

在本节课中,教师请学生回忆:"'日'字与前面学过的哪个字长得像?"教师请生3发言,生3回答:"日字底下加一横,旦。"这时候,班里的部分同学较为激动,大声喊:"目! 目! 目!"还有两位同学开始议论:"他说错了! 旦没学过! 没学过!"在这一混乱状况下,教师马上使用了纪律口令"抱臂——坐正""要发言——先举手"恢复课堂秩序,学生在对完口令之后安静了下来。这时教师开始对学生说:"嗯,老师刚刚提问的是,咱们之前一起学过的生字。XXX刚刚提到了'旦'字,我想,他可能是平时在课外学到了这个字,这说明他很好学,对不对? 可是刚刚你们在听到这个回答之后怎么样了? ——哦,太激动了,生字宝宝都快被你们吓坏了! 就算XXX说的可能不正确,但是我们还是要有秩序地发言,对不对?"在这里,教师试图引导学生在课堂讨论中"有秩序地发言",做好言行管理,并要求学生有效地表达和交流,学会倾听他人、对同伴的观点作出回应,鼓励学生给出建设性的批评和建议,避免恶意攻击。最后,在汉字书写阶段,教师让学生互相分享和欣赏彼此的书写作品,在社会情感学习视角下,这是在增强

生生之间的联结,增强个体间的黏性。

(三) 能力示范与建构:规则意识与自我管理能力的训练

在教学过程中教师使用"抱臂——坐正""要发言——先举手"的口令来规范课堂秩序,提醒学生坐端正,让学生有序地参与课堂讨论,避免课堂混乱。在课后的访谈中,授课教师提到:"这些纪律口令主要是针对于一、二年级,因为他们年龄还很小,学习也不自觉,实行这些口令是为了引导他们端正学习态度、养成良好的学习习惯;而到了中高年级,这些口令将很少使用。"一、二年级的班级规模大概是每班40人,他们都是5—7岁的孩子,课堂纪律自觉性较差,可以用口令来维持课堂纪律。在一年级新生开学第一周,各班都会进行相关的常规训练。这些口令的设置着眼于学生良好习惯的养成、集中他们的注意力,以更好地达到课堂目标。在社会情感学习的视角下,这是旨在发展学生的自我意识、自我管理和集体意识能力。

(四) 情感支持与环境氛围

在情感氛围方面,首先,教师对学生的称呼是"小朋友",对本节课的生字称呼为"生字宝宝",对生字组词称呼为"给生字宝宝找朋友",用语温馨、童气;其次,教师的情绪饱满,使用了"咦——?""是的呀!"等语气词。此外,教师还对学生表达了接纳,在组词任务中,教师请生10来组词,生10站起来,微张开了嘴巴,但并没有发出声音,朝教师笑了笑,然后长出了一口气。接着,教师微笑着将手下摆示意生10坐下,说:"没关系,谁来帮帮他?""没关系,可以再想一想。"在"谁来做小老师"活动中,"小老师"生16站起来后,停顿了2秒,深吸了一口气,然后轻轻读出一声"月"。教师可能看出了生16的紧张,于是俯身向前点头,对生16说了一句:"嗯!字正腔圆,不紧张。"生16朝教师抿嘴笑了笑,坐下了。教师通过这样的鼓励和支持,让学生知道即便暂时答不上来,也是被允许的、是不会被批评的,让学生知道答不上来、答错并不可怕,而是可以通过再次思考和努力来提高自己的能力。在社会情感学习视角下,这种教学行为旨在培养学生的成长型心态,从而更好地应对学习和生活中的挑战。

四、评价与反思中的社会情感学习融入样态

在请学生找出"图画"中的规律时,教师请生1上台来找出对应的生字卡片。当这位学生全都找对后,教师对生1进行了评价:"你真厉害,一下子就找到了对应的汉字,表扬他!"在"谁来做小老师"活动中,教师对学生的反馈为"你们的声音真是一组比一

组响亮!"在最后的写字环节,教师相机指导学生,手拿红笔为学生批正:"你写的字真可爱!""你坐得真端正!""老师给你画五角星是因为老师觉得你写的这个字非常好,今天写得真漂亮!"临近下课时,教师对学生说"我不一定会表扬到每一个人。所以,如果你写对了,但老师没看见,没有表扬你,那请你自己表扬自己!"在社会情感学习视角下,这是一种积极的教育策略,教师的这番话旨在"让学生知道,现在自己并没有得到老师的表扬可能是因为老师没看见,没受到表扬并不代表自己写得不好"。此时,教师鼓励学生"通过自我肯定来增强自信心和自我价值感"。当学生做对了但没有得到及时的表扬时,自我表扬可以让学生认识到自己的优点和进步,并且在以后的学习中更加自信和有动力。成长性学习心态和自我激励的能力,是非常重要的社会情感能力之一。

(二)案例分析

1. 明晰社会情感能力的内涵与外延

从 20 世纪 90 年代中期以来,社会情感学习(Social and Emotional Learning,简称 SEL)成为了世界范围内提升基础教育质量,超越教育中只关注学生认知发展,注重促进学生适应未来学习、生活以及工作,达成人的全面发展所进行的重要教育理论与实践活动,也是当下体现中国基础教育发展方式转变,促进教育内涵发展、落实立德树人,提升学生全面发展质量提升的重要途径。[1]

对于教师而言,思考如何在课堂教学中融入社会情感学习的前提,是对社会情感能力本身的内涵外延有清醒认识。比较典型的 SEL 实践模式[2]有:①美国的学术、社会情感学习联合会(Collaborative for Academic, Social and Emotional Learning,简称 CASEL)提出 SEL 的五大核心能力:自我意识(self-awareness)、自我管理(self-management)、社会意识(social-awareness)、人际关系技巧(relationship skills)与负责

---

① 毛亚庆,鱼霞. 如何理解社会情感学习[J]. 中国电化教育,2024,(1):16—22.
② 转引自:石义堂、李守红."社会情感学习"的内涵、发展及其对基础教育变革的意义[J]. 当代教育与文化,2013,5(6):46—50.

任的决策(responsible decision-making)。②英国教育和技能部推行一个名为"社会和情感方面的学习"项目(Social and Emotional Aspects of Learning,简称 SEAL)提出五个技能领域,分别是:自我意识(self-awareness)、管理情绪(managing feelings)、动机(motivation)、移情(empathy)和社会技能(social skills)。③澳大利亚关于社会情感学习的内容使用的术语是"社会情感健康"(Social and Emotional Well-being,简称 SEWB),将学生的社会情感分为七个相关联的维度,包括社会情感健康总体(social and emotional well-being)、回复力(resilience)、积极的社会取向(positive social orientation)、积极的工作取向(positive work orientation)、积极的学校指标(positive school indicators)、积极的家庭指标(positve home indicators)和积极的社区指标(positve community indicators)。

自 2002 年以来,联合国教科文组织在全球范围推广实施社会情感学习项目,涵盖美国、新加坡、马来西亚、中国香港、日本、韩国、英国、澳大利亚、新西兰以及拉美、非洲等一些国家和地区的数以万计的学校,取得了良好的效果和广泛的影响。① 2012 年以来,教育部教师工作司与联合国儿童基金会合作,委托教育部小学校长培训中心牵头项目设计与专业指导,在我国西部五个省(自治区、直辖市)的五个项目县(重庆忠县、广西三江县、贵州盘州市、新疆疏勒县、云南弥勒市)共 250 余所中小学校实施了为期五年的"社会情感学习与学校管理改进项目"。② 截至目前,该项目已推广至全国 15 个省份、21 个地区、579 所中小学校。③ 项目组提出,社会情感能力的本质是关系的社会性构建,包括"认知"和"管理"两个维度,前者属于认知因素,关涉个体"知道如何做"的问题;后者属于行为因素,关涉个体"实际如何做"的问题。学生社会情感能力的提升就是促进学生认知和管理与自我、与他人、与集体的关系的态度、知识和能力的发展,它包括建立在这三对关系上的六个维度:④一是构建与自我的关系,由自我认知和自我管理两个维度构成;二是构建与他人的关系,由他人认知和他

---

① 〔美〕丹尼尔·戈尔曼. 杨春晓译. 情商:为什么比智商更重要[M]. 北京:中信出版社,2010.
② 毛亚庆,杜媛,易坤权,等. 基于学生社会情感能力培养的学校改进——教育部-联合国儿童基金会"社会情感学习"项目的探索与实践[J]. 中小学管理,2018,(11):31—33.
③ 毛亚庆,鱼霞. 如何理解社会情感学习[J]. 中国电化教育,2024,(1):16—22.
④ 杜媛,毛亚庆. 基于关系视角的学生社会情感能力构建及发展研究[J]. 教育研究,2018,39(8):43—50.

人管理两个维度构成;三是构建与集体的关系,由集体认知和集体管理两个维度
构成。

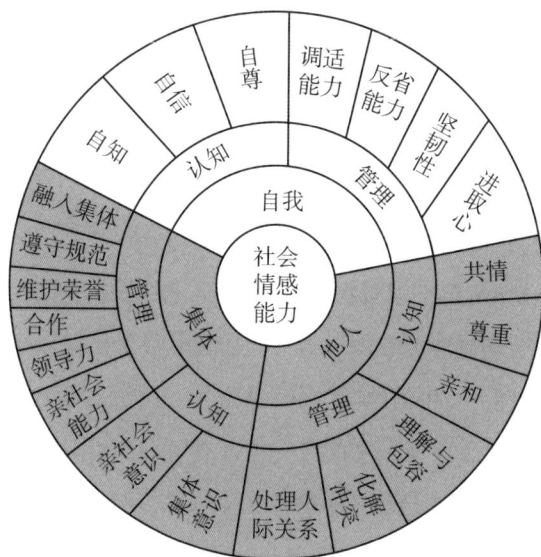

图 3 - 2　中国学生社会情感能力的三向六因素模型①

2. 课堂教学中的社会情感学习融入策略分析

大量研究表明,社会情感能力对学生的学业表现、社会性发展以及心理健康有着
积极的作用,是他们在学校以及未来社会生活中取得成功的关键。更为重要的是,社
会情感能力被证明是可以教授和学习的。② 那么,如何在课堂教学中融入社会情感学
习,以发展学生的社会情感能力呢?

(1) 开设单独的、专门的社会情感学习课程

在教育实践过程中,学校通过系统规划,专门开设固定的社会情感学习课程,并配
备相应的专业学习材料与配套资源。这种课程设计遵循系统性原则,将社会情感能力

---

① 黄忠敬,等. 社会与情感能力:理论、政策与实践[M]. 上海:华东师范大学出版社,2022.
② 董筱婷. 让孩子成为有温度的人——中国学校社会情感学习项目 10 年实践综述[J]. 人民教育,
　2021,(1):64—65.

培养作为独立板块纳入教学体系,以专题授课的形式由专业教师实施教学。在课堂教学中,教师采用讲授法、案例分析、小组讨论等多种教学方法,围绕情绪管理、人际沟通、同理心培养等核心内容展开系统教学。课程注重教学目标的具体化与可操作性,通过明确的课程标准、分阶学习目标和细化的教学要点,构建起清晰的知识传授与能力训练体系。同时,教学评价体系也实现了精准化设计,通过课堂表现观察、实践活动记录、能力测评工具等多元化方式,对学生社会情感能力的发展进行过程性与终结性相结合的全面评估。如此一来,让学生在专门的社会情感学习课程中,有针对性地进行社会情感学习,提高学生的社会情感能力。

世界范围内的社会情感学习资源网站 CASEL 就提供了许多经过实证数据验证过的、对提升学生社会情感能力有效果的社会情感学习课程,如 Second Step、PATHS、RULER、Open Circle 等①。中国的"社会情感学习与学校管理改进项目"②借鉴英国SEAL 教学材料,考虑中国自身的教育与文化背景,结合我国中小学校的教学和管理工作特点,组织编写了社会情感学习课程教学材料,在所有项目学校开设了包括"成长新起点""争吵与和好""向欺凌说'不'""向目标迈进""喜欢我自己""我周围的人""迎接新变化"七个专题的社会情感学习校本课程。在此基础上,构建了"热身活动,觉察情绪——主题导航,聚焦主题——探究体验,解决问题——反思总结,拓展应用"的四环节教学模式。

(2) 在学术类课程(学科教学)中渗透社会情感能力培养

教师有意识地挖掘教学内容、教学方法、课堂管理、评价与反馈、教师自身等所隐含的"社会情感学习"因素,根据学科特点、学生学情等,将社会情感学习与学科课堂教学相结合,把社会情感学习融入课堂的各个教与学的环节中。CASEL 指出,在课堂教学中开展社会情感学习,教师需要改善教学方式,为学生提供实践和反思社会情感能力的机会,培养学习型成长型思维。

---

① CASEL. Collaborative for Academic, Social, and Emotional Learning [EB/OL]. https://casel.org.
② 毛亚庆,杜媛,易坤权,等. 基于学生社会情感能力培养的学校改进——教育部-联合国儿童基金会"社会情感学习"项目的探索与实践[J]. 中小学管理,2018,(11):31—33.

表 3-2　在课堂教学中开展社会情感学习的教学策略①

整合性教学维度	具体教学策略
培养学习心态	关于心态的可见材料或讨论(如,成长与固定心态); 传达积极的言语或非言语期望; 学生犯错时能够重做作业的证据; 把挑战正常化,把错误视为机遇。
使 SEL 与学术目标保持一致	嵌入到学科学习中的社会情感学习标准和/或社会情感学习目标; 将社会情感能力与学术内容联系起来; 学生自我评估和/或反思社会情感能力的使用。
互动教学法	在高水平的学生参与度下,教师促进讨论和活动; 在课程中进行的学生自我评估和/或反思; 老师对合作结构的使用(如,"转向你的搭档"); 学生之间的合作; 学生与老师的谈话比例,学生主体。

教育部—联合国儿童基金会下属的社会情感学习项目于 2016 年发布了社会情感学习原则指南,从教师提问方法、处理学生回答、组织小组合作和课堂氛围这四个角度提供了较为丰富的教学指标。②

表 3-3　教育部—联合国儿童基金会社会情感学习原则指南

维度	指标	具体描述
提问方式	问题类型	封闭式问题、开放式问题、记忆性问题、推理性问题、批判性问题、创造性问题。
	提问原则	兼顾多种类型,多用开放式、推理性的问题; 问题安排从浅到深; 对待含羞、沉默的学生,在轻松的环境状态中提问; 提问时考虑不同位置区域的同学。

---

① CASEL. Integration of SEL and Academic Instruction [EB/OL]. https://schoolguide. casel. org/focus-area-3/classroom/integration-of-sel-and-instruction.

② 教育部—联合国儿童基金会社会情感学习项目国家级专家团队. 社会情感学习原则指南[R]. 教育部—联合国儿童基金会,2016.

维度	指标	具体描述
处理学生的回答		问题说完后停留一定的时间让学生思考； 注意倾听学生的回答； 不管问题是否回答正确，都应及时给予鼓励； 回答问题不足时不要让学生直接坐下，先对学生的回答进行补充说明； 当采纳学生的意见时，鼓励的方式要具体多样化； 对所有同学的鼓励和表扬应尽量保持一致，不要出现学生回答问题没有得到教师反馈的情况。
开展小组合作	小组建立	每组不超过四至五位同学、过段时间可以尝试调整小组、让每位学生都分配到工作、按照任务来分。
	小组活动与组织	明确具体的时间、任务，并确认被学生理解； 强调让每位同学在小组中都感受到尊重的重要性，鼓励学生。
	小组活动的总结	让小组开展自我评价； 教师组织学生赞扬/感谢身边的同学； 请同学说一说学到了什么，有什么感受； 对学生的具体表现及努力参与不断给予积极的语言行为和肢体语言的鼓励。
课堂氛围		课堂上使用正面、积极的语言； 尽可能地言语幽默、语气轻松； 对待学生有礼貌，不辱骂学生； 用积极的方法进行纪律管理。

在教育教学中，上述策略都仅是在具体课堂教学实施过程中的策略参考，实际使用时还需要教师充分发挥自己的实践智慧，结合学情与学科特点灵活调整。在课题研究中，若要分析教师在课堂教学中融入社会情感学习的现状如何，就不可避免地需要建立研究的分析框架，再通过收集教学设计、课堂实录、访谈等方式全面掌握一手研究资料，并对其加以分析。在本案例中，研究者侯淑慧从中国社会情感学习课题组提出的三向六因素模型出发，结合国内外相关研究进展，从目标、内容、过程、评价与反思这四大维度出发，填充已有的相关指标原则，呈现指标及其描述，构建课堂教学中的社会情感学习分析框架。

（3）重视学校—家庭—社区的协同育人合力

家庭是学生社会情感能力的启蒙之所，其潜移默化的熏陶为个体奠定了情感基础；学校作为专业教育机构，承担着系统培养学生社会情感能力的核心使命；而社区网络则提供了丰富的实践机会，成为学生社会情感能力塑造不可或缺的实践场域。在学校、家庭、社区等儿童生活场域的各个微环境中，教师、家长、社区人员等各方主体应当有意识地施加相互联系并保持一致的影响。[①] 以中国的"社会情感学习与学校管理改进项目"[②]为例，项目强调要建立关注学生情感发展的家庭、社区与学校共赢互动的环境。一方面，学校可通过加强对家长的培训，引导家长懂得爱护、理解、尊重孩子，学会平等、宽容地对待子女，并教会家长学习掌握一些实用易行、操作简便的支持策略和方法，如沟通技巧、奖惩孩子的方法、如何管理情绪、如何与学校合作等，以提升家长自身的社会情感能力，增强其责任意识，提高其教育孩子的水平；另一方面，学校通过组织开展一些家校合作的特色活动等，如"我到同学家做客""教师—家长双向访问"等，让家长观察并学习学校课堂教学中以及其他家庭促进孩子社会情感能力发展的有效经验。

3. 社会情感能力的典型测评框架

2019 年，经济合作与发展组织（Organization for Economic Cooperation and Development，简称 OECD）在世界范围内开展了青少年社会与情感能力研究（Study on Social and Emotional Skills，简称 SSES）。本次调查采用心理学领域已发展成熟和广泛运用的"人格结构五因素模型"（或称为"大五人格"模型，Big Five Model）。它根据任务表现、情绪调节、与他人交往、协作和开放性等反映人格的五个维度，分别选择下设的 15 项能力对学生社会情感能力进行分析和评价。同时，还考虑了国际学生评估项目（Programme for International Student Assessment，简称 PISA）对学生成绩、主观幸福感和职业期望有较大关联的学生综合感受及学生对自己的能力评价，把成就动机

---

① 全晓洁，蔡其勇. 从"我"到"我们"：社会情感学习的逻辑向度与实践进路[J]. 中国教育学刊，2021，(2)：12—17.

② 毛亚庆，杜媛，易坤权，等. 基于学生社会情感能力培养的学校改进——教育部-联合国儿童基金会"社会情感学习"项目的探索与实践[J]. 中小学管理，2018，(11)：31—33.

和自我效能感也纳入测量项目中,称之为复合型能力。

表 3-4　社会情感能力测量框架①

测量维度	能　　力
任务表现 (尽责性)	责任心(responsibility)
	自我控制(self-control)
	坚持(persistence)
情绪调节 (情绪稳定)	抗压力(stress resistance)
	乐观(optimism)
	情绪控制(emotional control)
与他人交往 (外倾性)	坚定(assertiveness)
	社交性(sociability)
	活力(energy)
协作能力 (宜人性)	移情(empathy)
	信任(trust)
	合作(co-operation)
开放性 (开放性经验)	好奇心(curiosity)
	包容(tolerance)
	创造性(creativity)
其他 (复合型能力)	成就动机(achievement motivation)
	自我效能感(self-efficacy)

资料来源:OECD (2021). Beyond academic learning: First results from the Survey on social and emotional skill [EB/OL]. [2021-09-07]. https://doi.org/10.1787/92a11084-en.

(三) 社会情感学习的未来研究展望

在当今社会,学生不仅需要扎实的学科知识,更需要良好的社会情感能力来应对

---

① 转引自:徐瑾劼,杨雨欣.学生社会情感能力的国际比较:现状、影响及培养路径——基于 OECD 的
　　调查[J].开放教育研究,2021,27(5):44—52+120.

复杂多变的生活与学习环境。正如毛亚庆教授所说:"社会情感学习最重要的价值是让孩子成为有温度的人,因为这才是人一生可持续发展的基础和终生幸福的关键。"①社会情感学习的未来研究需回应时代需求,兼顾技术革新与文化根脉,其终极目标不仅是培养"会学习的人",更是培育"完整的人"——具备情感温度、社会责任和终身成长力的未来公民。

我们可以关注的方向有:其一,跨学科整合视角的社会情感学习。除了专门的社会情感能力课程外,学科教学中渗透社会情感学习已经成为共识,但是已有实践仍以散点式的方式开展,是否可以进一步思考 SEL 目标与学科核心素养结合,同时超越单一学科而从跨学科整合的视角出发重新审视 SEL,进而形成"学科育人"的系统框架。其二,技术赋能社会情感学习的数字化转型。诸如利用 VR 模拟社交情境,帮助学生练习冲突解决、情绪管理等技能;运用 ChatGPT 模拟心理咨询对话;借助 AI 智能体,分析学生课堂互动中的语言、表情,为其提供个性化的 SEL 指导;关注在线学习中的师生情感联结问题,弥补"屏幕隔离"导致的情感疏离问题等。其三,关注 SEL 的文化适应性与本土化实践。比如,探索 SEL 在集体主义、个人主义等不同文化语境中的适应性调整问题,思考少数民族地区如何结合本土价值观设计并实施 SEL 活动,加强对农村留守儿童、城市流动儿童等特殊群体 SEL 需求的关注并为其提供针对性的干预方案,促进教育公平。

(四) 学习资源

1.《社会情感学习培训手册》

本书是毛亚庆著,由北京师范大学出版社在 2019 年出版。立足我国的"社会情感学习与学校管理改进项目",专家团队结合过去几年来项目实施取得的经验和积累的案例,组织编写这本培训手册,通过各个有机串联的培训活动,整体介绍了社会情感学习的理论基础,社会情感学习视角下的学生、教师、校长和家长,如何在学校中实施社

---

① 转引自:董筱婷.让孩子成为有温度的人——中国学校社会情感学习项目 10 年实践综述[J].人民教育,2021,(1):64—65.

会情感学习项目,如何支持特殊需要儿童的社会情感能力发展,以及如何监测和评估社会情感学习项目在学校中的实施过程和结果。

2.《社会与情感能力:理论、政策与实践》

本书是黄忠敬等人著,由华东师范大学出版社在 2022 年出版。本书是华东师范大学开展了为期三年的中国青少年社会与情感能力研究项目的研究成果,针对我国目前教育中存在的重"智育"轻"德育"、重"应试"轻"素养"、重"育分"轻"育人"、重"知识"轻"创新"的问题,高度关注青少年成长的身心健康问题,提高孩子的抗挫力和情绪管理能力。本书详细梳理出国内外相关研究的脉络,在前期的理论研究与测评数据基础上,开展学校实践研究,总结和归纳出面向教育管理者与研究者基于国内实际教学场景的工具书。

二、以学习方式为内容主题开展学生学习研究

学习方式,泛指学习者在各种学习情境中所采取的具有不同动机取向、心智加工水平和学习效果的一切学习方法和形式。[①] 比较有代表的分类方式有:被动学习与主动学习,发现学习与接受学习,机械学习与有意义学习,体验式学习与学术学习,情境学习与抽象学习,合作学习与独立学习,自主学习与他主学习,研究性学习、探究性学习、基于问题的学习……无论如何分类,学习方式本身并无好坏之分,每种学习方式都有其自身价值和适用条件,彼此之间也不是非黑即白的对立关系,很多时候是互为补充,共同为学习者的学习服务的。

作为 21 世纪新型学习方式的典型代表之一,项目化学习通过问题驱动、实践导向、社会交互的特征,实现了对传统学习方式的范式革新。《上海市教育委员会关于实施项目化学习推动义务教育育人方式改革的指导意见》中明确提出:"2026 年,义务教育学校常态化实施项目化学习,教师教学理念、教学行为和学生学习方式发生积极变化,基本形成教与学的新样态。"有别于传统的主题拓展课程、主题活动,项目化学习是

---

① 庞维国. 论学习方式[J]. 课程·教材·教法,2010,30(5):13—19.

一种深度的探究活动,旨在促进儿童全身心的、合作性的问题解决及创造性与批判性思维的发展,为学生成为积极、主动、灵活的学习者奠基。项目化学习所秉持的学习理念是:学生的学习在经历和解决真实世界的问题中最容易发生。①根据达林·哈蒙德和克拉斯克等人②的界定,项目化学习主要包含以下要素:真实的驱动性问题,学生在真实情境中对这个驱动性问题展开探究,用项目化小组的方式学习,运用各种工具和资源促进问题解决,最终产生可以公开发表的成果。下面我们一起来看一个学校开展项目化学习的实践案例。

(一)案例链接

基于"项目群"建构的小学数学项目化学习的实践与探索③

一、规划转变:从国家"育人蓝图"到切实的"施工图"

教育部2023年发布的《基础教育课程教学改革深化行动方案》着重强调,通过深入推进课程与教学改革,创新人才培养模式……要求建立国家课程方案在地方及校本层面的分层转化机制,旨在将国家统一规划的"育人蓝图"转变为学校育人"施工图"。在此背景下,基于办学定位研制系统化课程实施方案,成为推动课堂教学模式创新转型的关键支撑。

杨浦小学以新课程改革为新的生长点,在"让每一个生命出新出彩"办学理念的引领下,立足"出新教育"的教育哲学,不断深化"出新"课堂研究。"出新"是指学校在教育改革过程中守正出新、不断完善自己,不断超越自己的理念和价值追求。由此,拟定毕业生形象——"健康、明理、智慧"的"可爱"杨小学子。基于学校教育哲学和毕业生形象,我校着力推进课程体系优化与课堂教学样态的升级,夯实课堂教学质量,促进学校育人方式转变。学校系统构建乐学课程群、明理课程群、活力课程群等校本课程群,将跨学科主题学习有机融入其中。

---

① 夏雪梅.项目化学习:连接儿童学习的当下与未来[J].人民教育,2017,777(23):58—61.
② 达林·哈蒙德,等.高效学习:我们所知道的理解性教学[M].上海:华东师范大学出版社,2010.
③ 本案例节选自上海市杨浦区杨浦小学刘晶、汪邵飞老师的论文《基于"项目群"建构的小学数学项目化学习的实践与探索》,本书在选用时征得原作者同意略作了修改。

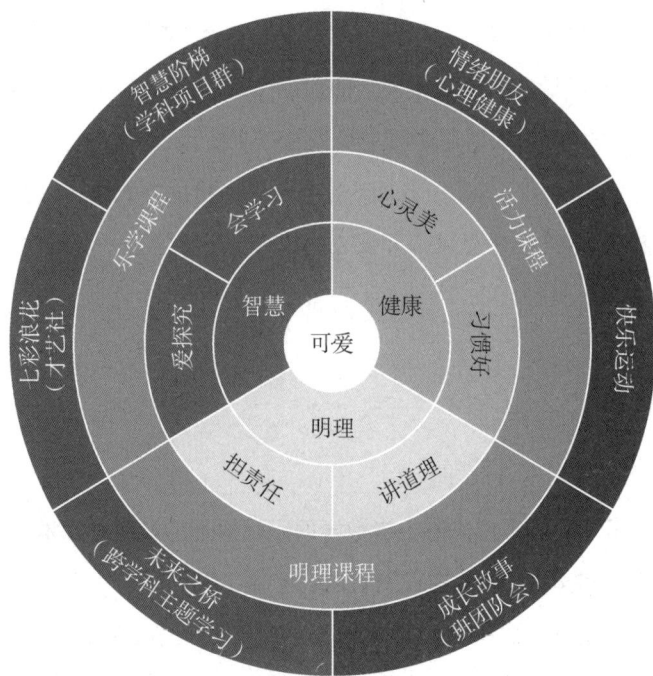

图 3-3 杨浦小学校本课程结构图谱

学校以"项目化学习""跨学科主题学习"等课题及项目研究为引领,围绕学校开发的主题课程选择子项目进行进一步的课堂实践研究。我们认为,项目化学习成为一种全新的教学方式走进国家教学改革体系中,为学校课程方案的优化迭代展现了新的思路和愿景。

二、定位转变:从零散的教学方式到系统的课程形态

(一) 项目化学习 1.0 时期

自 2015 年起,学校作为上海市最早的 5 所项目化学习的市级实验校之一,率先开启了项目化学习的探索,以学科项目化学习的设计与实践为切入点,以语文学科为主进行辐射与实践,并成立了校项目化学习的先锋团队。2020 年,上海市教委颁布了《上海市义务教育项目化学习三年行动计划(2020—2022 年)》。基于我校在项目化学习实践中积累的丰富经验,我校再次成为上海市 15 所市级种子实验校之一,在此基础上我校成立了项目化学习的核心团队,进行更加深入的项目化学习的理论和实践探索,从语文学科逐步辐射到英语、数学等其他学科。

(二) 项目化学习2.0时期

研究团队基于学校"明理课程群"的建构,首先开展了英语学科项目群课程体系建构的探索,尝试以英语学科项目为单位,对应新课标课程内容结构,设计了"WOW PBL"英语学科项目化学习课程体系,课程三大项目主题模块及其下属的六个子主题项目群,覆盖一至五年级,共十个学期。按年段提供参考项目主题与项目资源,帮助学生在真实情境中运用知识解决问题,培养面向未来所需的能力,获得个性化的成长。

聚焦到数学学科,新课标中明确提出了要学生经历主题化学习、项目化学习的过程,旨在提升学生发现、提出、分析和解决问题的能力。为了更好地将项目化学习的优势有效融入数学学习中去,近三年,我校数学教研组开展主题为"小学数学学科项目化学习实践研究"的课题研究,积极探索小学数学项目化学习的实施路径,也形成了多个数学学科案例。与此同时,课题组在实践中也发现了一些亟待突破的问题:**一是问题情境脱节化。**学科项目中所聚焦的真实问题常常与学生的生活学习经验与兴趣爱好不符,缺乏真实性与可信度,难以满足学生真实发展的需要。**二是项目结构碎片化。**在实践中,我们虽设计了多个数学学科项目,但是在学科项目间缺乏逻辑关联,且课程资源开发仍局限于教材内容的局部化取材,致使学生思维延展性与迁移效能难以在学习过程中得到有效激活与提升。

基于上述实践困境,结合英语学科中获取的课程建构经验,我校拟在数学学科深化研究中聚焦"双新"视域,通过项目化学习体系重构与校本化课程的升级双向驱动,将数学项目化学习融入校本课程体系"乐学课程群",形成具有校本特色的素养导向课程实施新样态。为了对数学学科项目进行顶层设计与规划,我们提出了"项目群"的概念。"项目群"是指以学科大概念为统整脉络,通过逻辑关联的序列化学科项目构成的课程实施载体。其中的每一个子项目均具有模块化独立实施的特性,但在知识维度与能力发展梯度上呈现螺旋式进阶设计。学生经历了系统性的探究历程,逐步从经验性的感知到概念性深度理解的跃迁,并实现跨情境问题解决中的思维迁移与素养发展。

三、设计转变:指向核心素养的项目群构建探索

课题组围绕"出新"育人目标,基于学校"乐学课程群",创设了"小小数学家"数学学科项目化学习的项目群,摒弃原先项目化学习的浅层化、线性化等问题。那么,规划项目群应该从哪些方面思考呢?

(一) 素养导向的项目群目标体系建构

核心素养的本质是对人的关注,对学生健康成长的关注,从新课标到新教材到新教学,始终把发展核心素养作为出发点和落脚点。指向核心素养的项目化学习设计,是彰显教育价值、全面落实育人目标的具体实践。小学阶段数学核心素养主要有数感、量感、符号意识等 11 个表现。

表 3-5 小学阶段数学核心素养表现

数学核心素养	小学阶段主要表现	跨学科表现
会用数学的眼光观察现实世界	数感 量感 符号意识 几何直观 空间观念	创新意识
会用数学的思维思考现实世界	运算能力 推理意识	应用意识
会用数学的语言表达现实世界	数据意识 模型意误	

核心素养具有整体性、一致性和阶段性等特征,在不同阶段具有不同表现,换言之,同一种核心素养的培育可能需要经历多个主题的持续性学习,而一个主题的学习也可能支撑多种核心素养的培育。因此,我们的首要任务是剖析课程标准中关于核心素养的概念内涵、能力表现和实践应用,根据数学学科特质和学生认知规律,厘清每个核心素养的具体内涵维度。

表 3-6　核心素养内涵维度梳理

运算能力具体维度	推理意识具体维度	
运算意义的理解	感受推理的意义和过程	
算理和算法关系的理解	运用合情推理得到结论	……
选择合理策略解决问题	初步了解演绎推理	
通过运算促进推理意识发展	解释验证推理过程	

　　其次,聚焦在教材分析层面,对沪教版十册数学教材进行素养导向下的内容解析,定位教材中与素养目标高度关联的核心概念群。例如,通过分析,课题组发现素养目标"运算能力"培养的载体主要在教材中"数与代数"领域相关的 15 个单元中。通过对内容进行梳理,了解运算能力在小学学段的发展路径,将核心素养表现与学段发展水平建立联系,为项目群目标体系建构融入进阶性的特点。

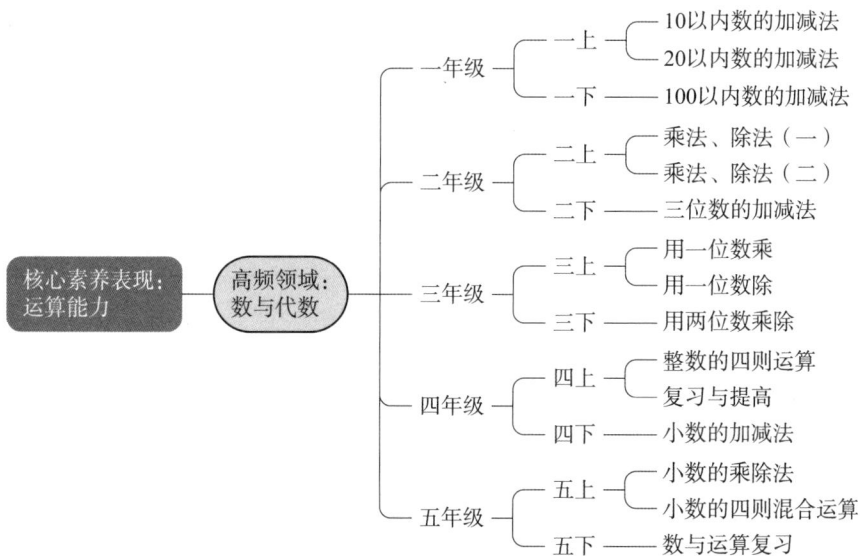

图 3-4　沪教版教材重点发展学生运算能力的 15 个单元

　　再者,结合重点发展核心素养的单元和核心素养内涵维度,梳理沪教版十册教材中核心素养的具体落实情况,了解 11 个核心素养表现在十册教材各个单元中的具体分布情况。

表3-7　核心素养表现在十册教材的落实情况

册别	数感	量感	符号意识	运算能力	几何直观	空间观念	推理意识	数据意识	模型意识	应用意识	创新意识	小计
1上	3	1	2	2	1	2	1	1	1	2	2	18
1下	2		1	1	1	2	2		1	3	2	15
2上	4	2		2	4	2	1	1	3	1	2	22
2下	2	2	1	1	1	2	3		2	2	1	17
3上	2	2	2	2	1	3	1	1	2	3	1	19
3下	2	2	2	1	2	3	1		1	1	3	18
4上	2	1	3	1	2	3	1		2	2	2	19
4下	2	2	1	2	1	2	3	1	2	2	2	20
5上	2	2	2	2	2	4	2		2	2	2	24
5下	2	1	1	1	3	3	3	1	1	1	1	18
总计	23	15	15	15	19	26	20	6	17	19	18	190

最后,在厘清新课标理念与数学核心素养具体要求后,围绕校本育人目标,基于校本乐学课程群目标,课题组创设"小小数学家"项目群。

第一,构建初步框架。依据课标,将"数与代数""图形与几何""统计与概率""综合与实践"四个领域逐一划分成若干个主题,比如"数与运算"领域分为"数的认识与运算"和"数量关系"两个主题,初步搭建项目群的外部框架结构。

第二,梳理内部结构。对核心素养进行学段化解构,也就是依据前期建立的教材素养分布图,将各领域核心素养培养目标系统映射至相应学段。例如,"统计与概率"领域中的"数据意识"核心素养表现,基于学习进阶理论,在小学阶段分解为"数据分类"

和"数据的收集、整理与表达"两个主题培养模块,并通过教材内容分主题填入。其他核心素养均参照此模式,梳理到项目群内部结构中。

第三,**重组课程要素**。在课程要素重组层面,需落实课标关于跨学科主题学习课时刚性占比 10% 的政策要求。虽然"综合与实践"模块已预设 16 个主题式学习载体,但课标解读赋予学校校本化实施路径选择权,允许通过项目化学习实现课程统整与学科壁垒消解。所以,我们对课标中的 16 个主题活动进行筛选,选择一些主题活动通过项目化学习方式放在前三大领域中实施,其余几个主题活动放在"综合与实践"领域中实施,并依据核心素养分布和教材内容,选择每学期实施 2—3 个跨学科主题学习活动。

第四,**建立项目群目标体系**。基于各个领域的核心素养内涵表现,实施情境化设计策略,确立"小小数学家"作为项目群主题。各子项目主题遵循职业角色模拟范式,以"小小××师"来命名,如"小小数据分析师"(统计领域)、"小小建模师"(几何领域)等。通过具身认知理论指导下的角色代入机制,促进素养发展目标的有效达成。以子项目群主题为核心,细化年段培养目标,把子项目主题分解成若干个子项目序列,建立"小小数学家"项目群的目标体系。

表 3-8 "小小数学家"项目群目标体系

小小数学家				
学习领域	主题	核心素养表现	项目群主题	项目名称
数与运算	数的认识与运算	数感、运算能力	小小精算师	欢乐购物街
				一万有多大
				一亿有多大?
		数感、符号意识	小小符号师	神奇的编码
	数量关系	运算能力、模型意识	小小设计师	讲讲算算游乐园
				乘乘除除游乐园
				卡牌游戏设计师
		运算能力、推理意识	小小规划师	校园足球赛
				制定旅游方案
				家庭节电小能手

学习领域	主题	核心素养表现	项目群主题	项目名称
圆形与几何	圆形的位置与运动	量感、空间观念	小小测量师	我的身体尺
				设计用餐方案
				马拉松路线设计
	圆形的认识与测量	几何直观、空间观念	小小建模师	美化劳动实践基地
				车轮为什么是圆的？
				折纸中的几何
				毕业礼盒包装
统计与概率	数据分类	数据意识	小小统筹师	我的压岁钱我做主
				我的年度关键词
				形象银行
	数据的收集、整理与表达	数据意识	小小数据分析师	未来教育家
				水是生命之源
综合与实践	主题式学习	几何直观、空间观念	小小规划师	课间体育活动
	项目式学习	量感、空间观念	小小时间规划师	时间在哪里
				年、月、日的秘密
		量感、空间观念	小小测量师	曹冲称象
				度量衡的故事
		数感、空间观念	小小宣传师	我的学校我的家

以小小数学家项目群下的"数与代数"领域的子项目群主题"小小设计师"为例,该主题下共有三个项目,分别是第一学段的《讲讲算算游乐园》和《乘乘除除游乐园》,以及第二学段的《卡牌游戏设计师》。三个项目均指向运算能力的内涵维度,依据项目主题情境不断变化核心素养内涵维度对应的具体表现,从而循序渐进达成对于核心素养运算能力的深度理解。下面,以"小小设计师"中的子项目《讲讲算算游乐园》为例进行阐述。

【真实情境】每个学期末,一年级学生的学科评价方式是"满天星亮晶晶"游园闯关会,学科教师会依据学习重点设计一些表现性活动,给参与的学生进行"敲星星"评价。虽然形式丰富,学生喜爱,但是存在一些问题:教师是全程设计者,难以体现学生的主体地位；评价内容多为知识掌握，缺乏核心素养评价；评价者是教师，学生仅参与最后的评价活动。基于上述诸多问题，项目团队决定借助项目化学习的方式迭代优化原先的期末学科评价活动，聚焦核心素养表现"运算能力"，以一年级上的"20以内数的加减法"为核心知识，创设"讲讲算算游乐园"数学学科项目。请学生转换角色，先作为设计师，设计"故事天地""拼图游戏""连环画室""分类高手"四个评价区域，再作为评价官，评价学生在评价活动中的表现。

表3-9 《讲讲算算游乐园1》目标设计

核心素养表现	核心素养内涵维度	具体表现
运算能力	运算意义的理解	经历评价区域题包的设计，深化20以内加减法知识的认知。
	算理和算法关系的理解	经历评价区域题包的评价标准的设计与调整，感悟算理和算法，积累丰富的活动经验。
	选择合理策略解决问题	在评价区域题包设计过程中，能够主动建构20以内加减法知识与题包之间联系；在设计题包评价标准过程中，能够发现、提出、分析与解决问题。
	通过运算促进推理意识发展	在思考参与规则评价标准与设计参与规则的过程中，能够经历思考、尝试、调整、完善的过程，最终形成一份合理科学的参与规则。

（二）项目群中项目主题的择选

项目主题是项目化学习的"心脏"，指向的是某一个亟须探究的情境性问题，任何一个项目化学习主题都可以引发学生开展一系列有挑战性的探究性学习活动。因此，在项目化学习的设计与准备阶段，要充分考虑所选主题的真实性、探究性和开放性等。主题情境要能够带领学生经历现实情景的数学化、探究数学之间的关系与规律的过程，充分感悟如何从数学角度发现问题、提出问题并解决问题。此外，对于项目化学习的主题择选，可以在锚定课标基准要求与遵循项目化学习基本原则的基础上，通过校本情境诊断与资源条件的分析，构建合适且融洽的主题情境。那么，在"小小数学家"

项目群中那么多项目主题情境从何而来?

一是教师对素材创生。教师依据课标解析,重组教材素材,优化其中的教学情境。这需要教师能够深度解读课标内涵,理解学科本质,充分构建生活化的桥梁。例如,"综合与实践"领域中新课标提及的"时间在哪里"综合实践内容,课题组将其创编成"小小时间规划师"项目群下的数学学科项目《时间在哪里》,通过创设迪士尼游园规划的任务,驱动学生开展围绕时间的系列探究活动。

二是学生的真实问题。学生在真实生活中发现的有趣疑问(如"为什么吃饭排队总是很慢?"),如果教师细心聆听,往往能变成特别优质的学科项目。在"小小统筹师"项目群中的子项目《我们的形象银行》就是在校少代会开幕之际,学生在收集提案时主动发现了形象币数量兑换礼品不合理的地方,解决这个问题就能够很好建立起数学与统计之间的联系。学生基于提出的问题,经历了一系列数据收集、整理、呈现与分析的过程,真实解决形象银行的兑换问题,也提升对数据意识的深度理解。

三是社会热点搬进课堂。学生看得见的新闻热点(如"冬奥会奖牌榜")、社区新变化(如"小区智能快递柜"),甚至联合国发布的全球大挑战,都能变成好玩而有趣的学习项目。联合国在2015年提出一系列旨在解决全球重大问题的行动计划,这群小学生选定优质教育问题摩拳擦掌,这就是"小小数据分析师"项目群中的《未来教育家》子项目,学生用"数据"解决问题,还帮老年人跨越了"代际认知差",比课本学习更具成就感。

(三) 双螺旋结构的项目群内容设计

"小小数学家"项目群中的各个子项目群内容结构围绕核心素养目标,分解成若干个子项目主题,子项目内容充分基于现实情境的驱动性问题,围绕双螺旋结构,也就是**学科知识线和现实情境线**,通过将驱动性问题分解成若干个子问题,形成子问题链,经历子问题链的解决,最终达成对于子项目驱动性问题的解决,并且形成该项目的最终学习成果,并积淀对该主题主要核心素养的深度认知。

项目化学习在主题驱动性问题的作用下不断推进,只经历单一的问题情境是不够的,单一情境无法让学生建立问题情境、数学知识与学习实践之间的灵活转化。基于这层思考,驱动性问题需要伴随"现实情境线"贯穿于整个项目。具体设计上表现为具有关联性的子问题,而这些子问题在现实情境线上是连贯一致的,在知识线上应该是递进发展的。仍以《讲讲算算游乐园》项目为例：

表3-10 《讲讲算算游乐园》项目驱动性问题、子问题链与核心任务设计

大问题	子问题链	核心任务
本质问题：如何在解决问题的设计中，深入理解运算意义，发展运算能力？ 驱动性问题：作为小小设计师，你能为"讲讲算算游乐园"期末评价活动的某个评价区设计相应的评价内容与评价规则吗？	① 作为小小设计师，要完成评价区域的设计，你们会考虑哪些方面内容？	发布"讲讲算算游乐园"设计团队招募令，明确任务，组建团队，思考解决路径。
	② 如何运用"20以内加减法"知识设计评价内容？	利用学习支架"讲讲算算整理单"整理学过的讲讲算算类型，经历模仿、改编、创编的过程。
	③ 哪些题包才是符合我们要求的评价题包？	学生在指导与讨论下，完成评价内容量规的设计与优化。
	④ 你们能依据量规设计一份优质的评价内容吗？	学生在学习支架"评价内容提纲"的帮助下，结合前期量规，设计初步评价内容。在评比中，选出优质团队参与最终评价活动。
	⑤ 如何设计一份体验规则？	学生开始优化成果设计，并设计体验规则量规，并依据量规设计合适的体验规则。
	⑥ 如何让参与者有更好的活动体验？	学生分享规则设计，身体力行判断规则是否合理，不合理地方进行相应的调整。
	⑦ 如何让你们的评价区域呈现得更吸引人？	学生在对评价区域进行美化、评价内容进行细化，评价规则进一步明确后，开了一场别开生面的"讲讲算算游乐园"评价活动。

由上表可以看出：依据驱动性问题"为'讲讲算算游乐园'期末评价活动的某个评价区设计相应的评价内容？"所设计的"现实情境线"，并分解成子问题链，遵循"总—分—总"的路径开展。整个项目秉承"儿童立场、生活视野、以玩促学、以学增智"的理念，立足新课标，取材生活，关联教材，学生在项目实施中，化身为小小设计师，经历分析问题、知识梳理、运用知识、尝试创编、设计方案等过程，最终创造性地设计出了"讲讲算算游乐园"的评价内容。待问题解决后，还会开展反思性评价活动，积累活动经验，深化核心知识认知与思维的迁移。该问题链中的子问题紧扣知识线索，逻辑清晰，

内容连贯,最终实现驱动性问题的解决,充分体现了"双螺旋结构"的实施方式。"小小项目群"中的其余子项目也遵循该实施方式,围绕驱动性问题设计循序渐进的问题链,引导学生逐步经历问题解决的过程。

(二)案例分析

1. 从学校顶层设计到学科设计,实现政策落地与校本创新的深度融合

任何一项学校层面的教育变革,都离不开对国家、市区层面教育政策的转化与落实,也离不开学校团队的创新思考与校本化表达,两者之间既存在目标一致性,又因执行层级和情境差异存在张力,需通过动态协调实现共生共进。学科层面的教育变革亦然,学科研究团队既需要充分关照本学科课程标准的细化落实,也需要与学校层面的变革理念匹配呼应,同时考虑实践层面的可操作性。

(1)政策引领下的学校课程理念重塑

党的二十大报告明确提出"落实立德树人根本任务",《义务教育课程方案与课程标准(2022年版)》进一步细化了核心素养导向的育人目标,为学校课程改革提供了明确方向。杨浦小学的实践体现了从国家"育人蓝图"到学校"施工图"的创造性转化,学校以"出新教育"为核心理念,构建了"健康、明理、智慧"的毕业生形象,并将其与课程设计紧密结合。这种顶层设计不仅呼应了国家政策的宏观要求,还融入了学校自身的教育哲学,形成了独特的校本化课程体系。

(2)基于理念转变的学校课程结构重构

学校层面立足教育哲学和毕业生形象,通过"乐学课程群""明理课程群"和"活力课程群"三大校本课程群建设,将跨学科主题学习、项目化学习有机融入其中,实现了课程结构的立体化与育人目标的具象化。乐学课程群以"爱探究、会学习"为育人导向,聚焦学科核心素养与创新能力的培育;明理课程群以"明理"为核心,强调道德认知与社会责任感的培育;活力课程群以"健康"与"实践"为目标,注重体能发展与社会参与。

(3)学科层面教育变革设计的转型与深化

从 1.0 时期语文学科的项目化学习探索到 2.0 时期英语、数学等多学科项目群的拓展，杨浦小学在项目化学习的学科设计上经历了从点到面的转变。在数学学科中，学校以核心素养为导向，对教材内容进行深度梳理，构建了项目群目标体系。这一过程体现了学校对学科本质的把握和对核心素养培养的重视。学校通过对教材单元与核心素养表现的对应分析，明确了各学段的核心素养培养重点，为学科设计提供了科学依据。这种从顶层设计到底层实施的系统性思维，确保了项目化学习在学科中的有效开展。

2. 从单一项目到项目群建构，实现课程形态的跃升与育人效能的强化

（1）单一项目的局限与困境

学校在项目化学习 1.0 时期以语文学科为试点，探索了单一学科项目的设计与实施。这一阶段的实践虽积累了初步经验，但也暴露了诸如问题情境脱节化、学习路径线性化等现实问题，如果我们更具体化地分析单一项目可能存在的局限，大概可以表现为以下几个方面：一是问题情境脱节化，即单一项目的问题情境可能与学生的生活经验、兴趣爱好以及社会实际需求脱节。项目设计因超出学生的认知范围和生活体验，或者没有考虑到学生的年龄特点和心理发展水平，导致学生难以理解和产生共鸣。项目设计因没有充分考虑社会现实和未来发展对学生能力的要求，导致学生在项目中所学的知识和技能缺乏实际应用价值。二是学习路径线性化，即单一项目的设计通常呈现出线性化的特点，缺乏内在的逻辑关联和层次递进。具体表现为：各个项目之间是独立的，没有形成一个有机的整体，学生在完成一个项目后，难以将其所学的知识和技能迁移到下一个项目中。很多时候，项目的内容往往局限于教材中的少部分内容，无法为学生提供更广泛的知识背景和更深入的探究机会。三是知识碎片化，即单一项目容易导致知识的碎片化，学生在项目中所学的知识是零散的、孤立的，而不是一个完整的知识体系，学生难以形成对知识的整体把握和系统理解，也很难将项目中所学的知识整合到其他学科或实际情境中，无法实现知识的迁移和应用。四是学科割裂化，即单一项目通常局限于某一学科领域，难以体现跨学科的综合性与关联性，这导致学生在项目中所学的知识和技能具有较强的学科局限性，无法培养学生的跨学科思维和综合解决问题的能力。

（2）项目群的内涵与优势

项目群是指聚焦同一主题下多个项目组成的序列化项目体系。在项目群中,每个子项目均可单独实施,但核心知识与过程方法各有侧重,共同指向项目群的培养目标。项目群的提出标志着课程形态从"零散活动"向"系统课程"的跃升。其核心价值体现在:一是系统性,即围绕同一主题设计序列化子项目,形成知识间的内在关联,帮助学生构建结构化认知框架,促进深度理解。如"小小设计师"项目群包含"讲讲算算游乐园""乘乘除除游乐园""卡牌游戏设计师"等3个子项目,学生在完成子项目的过程中循序渐进地发展运算能力。二是进阶性,即依据学生年龄特点与认知水平,设计层级递进的主题与任务,确保核心素养的连续性与发展性。如"小小统筹师"项目群包含"我的压岁钱我做主""我的年度关键词""形象银行"等3个子项目,学生在完成子项目的过程中循序渐进地发展数据意识。三是整合性,即打破学科壁垒,以真实问题为纽带,融合多学科知识与技能,促进跨学科能力与创新思维的发展,促进学生综合素养的提升。以"未来教育家"项目为例,学生以"设计一节老年人课程"为驱动任务,需完成以下整合性任务:统计社区老年人口的基础数据(如年龄、教育背景),绘制条形图或折线图;设计问卷并分析老年人学习需求,结合数据提出课程主题建议;与社区养老中心合作,试讲课程并根据反馈优化内容,过程中需协调时间、场地等资源。在此过程中,数学不再是孤立的知识点,而是解决社会问题的工具。学生也从"做题"转向"做事",在真实情境的复杂问题解决过程中习得知识、提升能力、发展素养。

综上所述,项目群的优势不仅体现在知识整合与能力提升上,更在于其重构了学习范式,从"教知识"走向"育素养"。学生从"做题者"变为"设计师""规划师",在真实任务中体验知识的价值;教师从"讲授者"转为"课程开发者""学习引导者",实现专业素养的迭代升级;学校从"执行课程"转向"创生课程",形成校本化的育人特色。

（3）项目群构建的路径剖析

素养时代的项目化学习指向知识观的变革与人的心智的自由迁移。在进行项目化学习设计时,要指向对核心知识的深度理解,创建真实的驱动性问题和成果,用高阶学习带动低阶学习,将素养转化为持续的学习实践。[①] 对于项目群构建而言,一般遵

---

① 夏雪梅. 素养时代的项目化学习如何设计[J]. 江苏教育,2019,(22):7—11.

循如下路径:一是目标体系建构。应以学科核心素养为导向,结合学科特点与学生认知规律,构建纵向衔接、横向关联的项目群目标体系,明确各学段、各项目的具体目标,确保目标的连贯性和递进性。二是主题选择与设计。主题应具有真实性和探究性,能够引发学生的兴趣和思考。同时,主题之间应有一定的关联性和进阶性,形成逻辑清晰的项目群结构。三是内容整合与组织。教师应整合不同学科知识和社会资源,注重知识的内在联系和跨学科融合,提升项目群的综合性和实践性。本案例中以学科知识线为骨架,以现实情境线为脉络,构建项目群的"双螺旋内容结构",实现知识与实践的深度融合,可以为其他教师的项目化学习活动设计提供参考借鉴。四是项目序列安排。根据学生的认知发展规律和学科知识体系,合理安排项目群中各项目的顺序,确保项目之间的衔接自然,难度逐步提升。五是持续评价与反馈。建立贯穿项目群实施全过程的评价机制,兼顾过程表现与成果质量,及时收集反馈信息,为项目的调整和优化提供依据。

(三) 项目化学习的未来研究展望

随着信息技术的飞速发展,其在教育领域的应用也越来越广泛。未来研究可以深入挖掘技术在项目化学习中的应用潜力,探索如何利用人工智能(AI)、虚拟现实(VR)、增强现实(AR)等新兴技术,增强项目的真实性、互动性与个性化? 比如,借助VR技术模拟真实社会场景,为学生创造更加真实、丰富和互动的学习情境,让学生在沉浸式环境中解决问题,提高项目化学习的吸引力和参与度。借助AI帮助教师快速生成项目化学习方案,并通过人机协同实现项目化学习的有效实施。借助AI实时追踪学生在项目中的行为数据,如协作频率、问题解决路径,生成个性化反馈报告,为项目设计提供个性化建议。通过在线学习平台和数字工具,实现项目化学习的资源共享、协同合作和远程指导,拓展项目化学习的时间和空间维度,推动项目化学习的创新发展。

此外,还可以关注项目化学习的长期效应和可持续发展。目前对于项目化学习的研究多集中在其短期效果上,而对于其长期效应和可持续发展的研究相对较少。未来研究可以跟踪项目化学习对学生长远发展的影响,如学生在进入高等教育或职场后的表现,以及项目化学习对学生终身学习能力的培养作用。同时,还需要关注项目化学习在学校教育中的可持续发展问题，包括如何将项目化学习纳入学校的常规教学体系，如何保障项目化学习的资源投入和政策支持，努力消解城乡、校际资源鸿沟，使项目化学习真正成为推动社会公平的"教育杠杆"，以及如何在教育改革的进程中不断优化和创新项目化学习的实践模式，使其能够持续地为学生的成长和发展服务。

（四）学习资源

1.《项目化学习设计：学习素养视角下的国际与本土实践》

本书是夏雪梅著，由教育科学出版社在 2018 年出版。针对我国中小学教师和学科课程教学现状，选择立足学科、基于课程标准、指向学习素养的项目化学习探索，本书提炼了学习素养视角下项目化学习的四个特征，即核心知识的再建构，创建真实的驱动性问题和成果，用高阶学习包裹低阶学习，以及将素养转化为持续的学习实践。同时，创建了包括核心知识、驱动性问题、高阶认知、学习实践、公开成果、全程评价等六个维度的项目设计框架，体现时代性、本土化特点。书中针对学科项目化学习设计、跨学科项目化学习设计，给出大量本土案例和辅助工具，并结合理论框架详细分析点评。

2.《项目化学习的实施：学习素养视角下的中国建构》

本书是夏雪梅著，由教育科学出版社在 2020 年出版。本书结合美国、英国、加拿大、新加坡等国的成熟经验与经典案例，立足国内本土实践，从学习素养视角深入探讨项目化学习实施问题，包括幼儿园、义务教育、高中不同学段的项目实施定位，学校层面项目化学习实施的切入点和三类实施样态（活动项目、学科项目、跨学科项目），以及教师层面实施的可行路径。

三、以学习环境为内容主题开展学生学习研究

学习环境随着教学与学习活动的发生而出现，从最初以大自然山林作为学习场所，发展到后来的庠序、私塾、书院等私学以及太学、国子监等官学。具有现代意义的

学习环境是在夸美纽斯提出"班级授课制"后才出现的。作为教师开展学生学习研究的核心议题之一,学习环境不仅指教室、图书馆等物理空间,还包括心理氛围、社会互动、技术支持及文化情境等综合因素。研究表明,学习环境通过影响学生的认知过程、情感状态和行为模式,直接或间接作用于学习效果。

关于学习环境的研究,最早可追溯至 20 世纪 30 年代,受物理学领域的"场理论"启发,心理学家库尔特·勒温将"场"的概念引入心理学,提出行为与环境之间的动态关系是认知发展的核心。20 世纪八九十年代,建构主义学习理论的发展进一步丰富了学习环境的内涵,认为学习环境应该支持学习者通过社会互动、与他人合作、资源使用和问题解决来达成学习目标。21 世纪以来,数字化技术的普及推动了学习环境从物理空间向虚实融合的演变,智慧学习环境逐渐进入大众视野。随着对学习环境内涵与外延的逐步拓展,学习环境对学生学习的支持作用也日益凸显。下面我们一起来看一个学校构建智慧学习环境以支持学生个性化学习的实践案例。

(一) 案例链接

指向高中生个性化学习的智慧学习环境建设研究①

为解决学校支持学生个性化学习的场所、资源、方式和时间还比较有限,以创新实验室为代表的新型学习空间难以满足学生个性化学习需求,信息化平台资源数量、彼此间的关联度、推送精准性尚不足以支持大规模在线学习等现实问题,本研究通过智慧学习环境建设,重塑教学结构及形态,再造教学流程,帮助每一位学生更全面地认识自我,挖掘潜能,通过丰富、适切的学习支持,满足学生自主探究的欲望和个性化学习需求。具体研究成果如下:

一、开展学生学习的问卷调查和现状分析

通过对学生发放问卷,调研学生在学习时是否能够意识到自身与他人的差异,以及当前学习环境提供的功能和条件等是否能够契合学生的个性化学习需要等。此外,

---

① 本案例节选自同济大学第一附属中学刘育蓓老师领衔的上海市教育科学研究一般项目《指向高中生个性化学习的智慧学习环境建设研究》结题报告,本书在选用时征得原作者同意略作了修改。

学校还运用多元智能量表、学习风格测验等工具,调研2022级高一新生多元智力、学习风格的分布情况。

二、研制智慧学习环境下高中生个性化学习指标体系

运用德尔菲法,选取了在高中教育管理、学习空间创新、信息技术应用、课程教学研究领域具有较高权威的5名专家,包括高校教授、高中校长和长期从事创新实验室课程教学的资深教师,得出智慧学习环境对高中生个性化学习的影响主要包括学生学习态度、学习体验和学习成效三个方面。在此基础上,通过对15名校外专家和校内45名高级教师、骨干教师、长期从事创新实验室课程教学的资深教师的问卷咨询,构建了智慧学习环境下高中生个性化学习指标体系。

表3-11 智慧学习环境下高中生个性化学习指标

一级指标	二级指标	指 标 说 明
学习态度	学习心理	1. 更容易产生心理安全感,心情更放松,感受到被尊重、被理解; 2. 更乐于交流、分享和展示。
	学习兴趣	1. 更容易产生好奇心,产生强烈的探究意愿和学习目标,主动开展探究学习活动; 2. 能更主动地发现问题并自己尝试解决,完成学习任务。
	资源获取	1. 能够利用校内校外、线上线下等学习资源、工具和技术,更便利地开展个性化学习; 2. 能够更方便地获得拓展探究的资源。
	投入程度	1. 能聚焦学习目标,有计划地开展学习,沉浸式参与探究学习的全过程,实施深度学习; 2. 更愿意与同伴合作,主动承担学习任务,并乐于协助同伴共同完成学习任务。
学习体验	学习策略	1. 能根据自己的学习情况、不同的学习内容采取不同的学习方式,开展线上线下融合式、个性化学习; 2. 能更好地对学习目标、内容、方式、过程、状态和结果等进行自我观察、审视和调整,并能及时获得同伴和老师的意见与建议。
	学习交互	1. 能更方便地找到适合的学习伙伴,建立学习社群,开展互动学习,相互启发、借鉴,从而改进学习方式方法,提升个性化学习成效; 2. 能有更多的时间、机会与老师、同学交流互动,促进学习。

一级指标	二级指标	指 标 说 明
	学习反馈	1. 能够利用更全面及时的学习数据开展自我分析、反思和改进； 2. 能够获得老师从心理、资源、方法等多方面的针对性指导。
	创新生成	1. 能借助线上线下等平台，以多样化的方式，展示个性化、创新性的学习成果； 2. 发现新问题、产生创新性思考、形成研究性课题、推进研究性学习和创客学习的机会增多，能力增强。
学习成效	知识技能	1. 能更好地建构、发展学科和跨学科的知识与技能； 2. 综合运用所学知识技能解决真实复杂情境中新问题的能力更强。
	思维品质	1. 综合应用、评价、决策、预测等高阶思维得到更好的锻炼与发展； 2. 创新思维得到更好的锻炼与发展。
	情感态度	1. 学习主动性和自信心进一步增强，意志品质进一步提升； 2. 有更明确的个人理想并为之不断奋斗，促进学涯与生涯发展。
	综合素养	1. 逐步形成个人学习风格，并在个人和团队的反思中，不断总结经验，优化思维与方法，实现学习进步； 2. 对时间、任务、情绪和压力管理的能力，以及合作能力、组织能力、领导能力和实践能力全面提升。

三、形成指向高中生个性化学习的智慧学习环境建设策略

基于学科课程教学和学生个性化、多样化学习和发展需求，以先进的教育理念、办学愿景和现代教育技术为引领，以学生的学习为中心，建设融合学习内容、学习方式和技术装备于一体，物理、虚拟和心理有机融合的智慧学习环境，增强环境的育人功能，促进教学方式转变、教学流程再造和学习行为重塑，提升学生学习自信与幸福感，支持学生个性化学习与成长，促进学生核心素养不断提高。在此基础上，提出"坚持以学生学习为中心的教育发展理念""坚持问题导向和目标导向相结合""坚持因地制宜和实用为本相结合"的建设总原则，并就物理、虚拟和心理学习环境分别提出建设原则和策略。

表3-12 智慧学习环境的建设原则与策略

类型	建设原则	建设策略
物理学习环境	1. 目标导向,按需设计 2. 软硬适配,融合育人 3. 虚实相生,便学利教	1. 通过普通教室学科化、智能化,营造课堂氛围、丰富课堂活动。 2. 通过创新实验室多功能化和开放式管理,增强学生在课堂中的智性学习。 3. 通过公共空间自主化,进一步延伸"智慧学习"的空间。
虚拟学习环境	1. 丰富资源,按需选择 2. 增强互动,促进合作 3. 注重实践,强化应用 4. 关注过程,加强反馈 5. 强化标准,规范设计 6. 依法依规,保障安全	1. 探索高选择、泛在性的"网班"教学组织形式,支持学生的个性化学习。 2. 提升线上与线下教学的黏合度,努力实现基础化、紧密化、常态化。 3. 进一步优化虚拟环境,充实线上学习资源。
心理学习环境	1. 学情导向,分类施策 2. 倡导同侪互助 3. 提供多元支持 4. 强化校家协作	1. 运用相关工具量化、了解学生的个性化学习倾向。 2. 根据物理环境变化,打造学习共同体,进一步优化课堂心理环境。 3. 结合虚拟环境建设,嵌入学习心理的支持系统。 4. 基于学生的情绪—认知模式,营造有利于学生"慧学"的"心理场"。

四、建成指向高中生个性化学习的智慧学习环境

建成了以"学生的学习为中心",以开放、灵活、丰富、精准为特征,以信息技术和校内外学习空间与资源有机融合为基础,使物理学习环境、虚拟学习环境与心理环境协同服务于高中生个性化学习、共同促进学生个性发展,提升学生适应未来社会发展的核心素养的立体学习环境。

包括线上虚拟环境(如学校的教学平台、晓德助手 APP)和线下的各类创新学习空间,如:学科教室(如智能钢琴室、百匠工坊、地球生态探索馆)、创新实验室(如人工智能创新实验室、低碳创新实验室、未来科学家创新实验室、ROTS 实验室、音视频互动创新实验室等)、自主探究场馆(如智能交通场、5G＋深度学习馆)和公共自主学习空间(如图书馆、自修教室、连廊休憩处、地质生态园、钢琴角等)。

五、形成指向高中生个性化学习的智慧学习环境学习模式

(一) 指向个性化学习的线上自主学习模式

依托"晓德助手"等平台的虚拟智慧学习空间,每一位学生都可通过"网上学习"板块,获取自己以往的个性化学习轨迹,根据学点分析结果,系统推荐相应微辅导视频或是进行自主组卷生成阶段性或个性化作业,加以巩固落实,从而实现"自我评估——自主选择——线上评估——自主学习——线下学习"的在线网上自主学习流程。

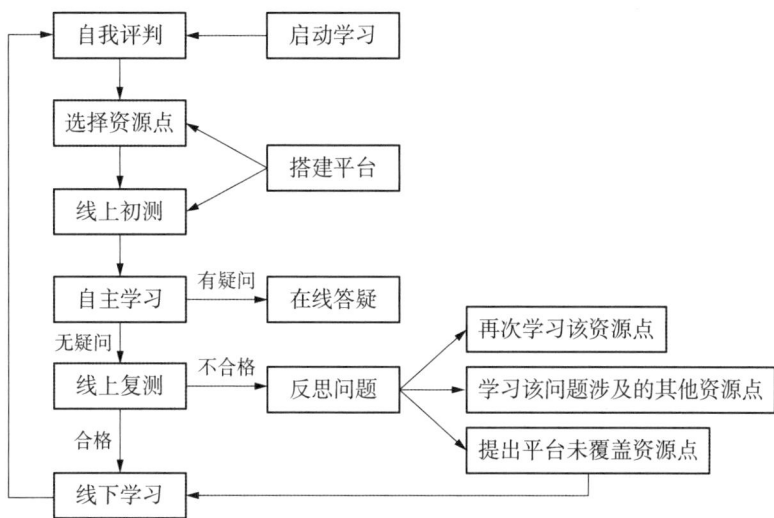

图 3-5 指向个性化学习的线上自主学习流程

1. "日常积累型"线上自主学习模式

从心理学上看,在完成较难的大任务时,大部分学生渴望得到及时、直观、持续的反馈刺激,而在信息平台"日拱一卒"的支持下,学生在每一小任务的完成过程中均有收获感。此种学习模式引导学生利用碎片时间灵活、弹性但持之以恒地在线学习,并通过对线上学习时间、正确率、复答率等数据的分析,开发学生素养中"学习管理"意识,使之在学习的过程中自我管理规划时间,自我激励、保持积极的学习情绪。

2. "自主选择型"线上自主学习模式

依托平台,处于不同学习阶段的学生可以对学习资源进行自主选择,烂熟于心者选择略过,疑难陌生者重点攻克。而要做到这一点,就需要学生先自我梳理知识树,诊

断明确已知与未知后,再针对自身漏洞进行个性化的补漏。此中"诊断"包括两层:一是明确哪些知识点还存在漏洞,二是反思自己判断错误的根源在何处。在此基础上,有目的地提升课堂互动与个体辅导效率。

3. "思辨建构型"线上自主学习模式

有学生反映自己对部分练习的线上解答不能理解,提供的解答与其自主学习所得有所出入。疑问激起"不服气",也勾起"求知心",便将质疑过程发布在线上互动区,班级同学积极参与讨论,探讨得出共识。此种学习模式在学会反思方面给学生以启蒙,尤其助力一些具有批判精神、渴望平等探讨、善于在提问、反思问题中构建自己知识体系的学生。

(二) 指向个性化学习的线上线下融合学习模式

充分发挥线上、线下学习的各自优势,形成如下的线上线下融合学习流程:前期测定(学生线上)——一人一案(学生线上)——智能推送(学生线上)——过程反馈(教师线上线下)——定制辅导(教师线上线下)——社群分享(学生线上线下)。

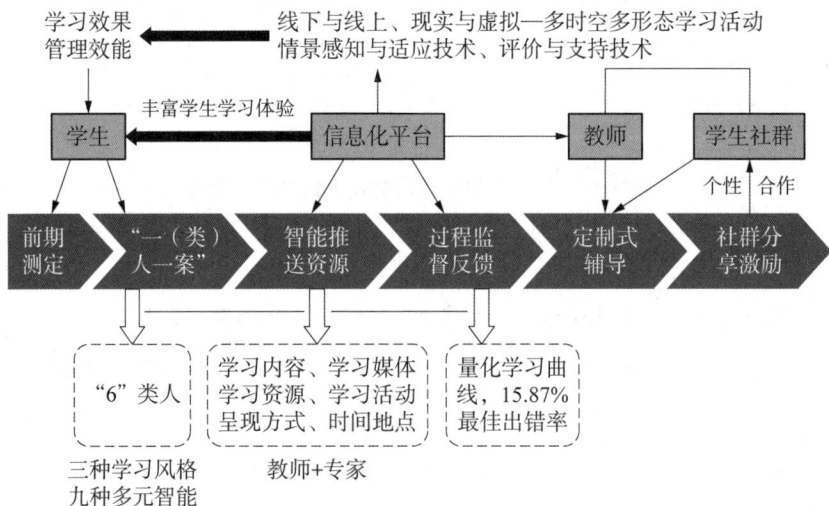

图 3-6 指向个性化学习的线上线下融合教学流程

1. 分层"网班"线上线下融合学习模式

指导学生在线上做好自身 SWOT 分析,明晰自己的定位,指导学生制订学习规划、实施与调整。通过学习习惯和学生风格等方面,在线上制定一人(类)一案,并通过信息平台进行智能资源的推送,进行过程性反馈。在线上或线下反馈给个人、小组和导师,导师根据学生个体情况,在线上或者线下进行反馈、指导,在学生社群进行分享和激励。

2. 创作类线上线下融合学习模式

创作类学习线上线下融合教学模式,一方面始于课堂教学任务布置,另一方面则始于向学生调查获取的前期信息,根据不同情境创作因其各自目标指向而必有不同的要求,这是实现个性化学习的良好契机。以语文学科统编版语文新教材必修上第一单元"青春的价值"中"创作一首表达青春感悟的诗歌"任务为例,形成如下运作流程:

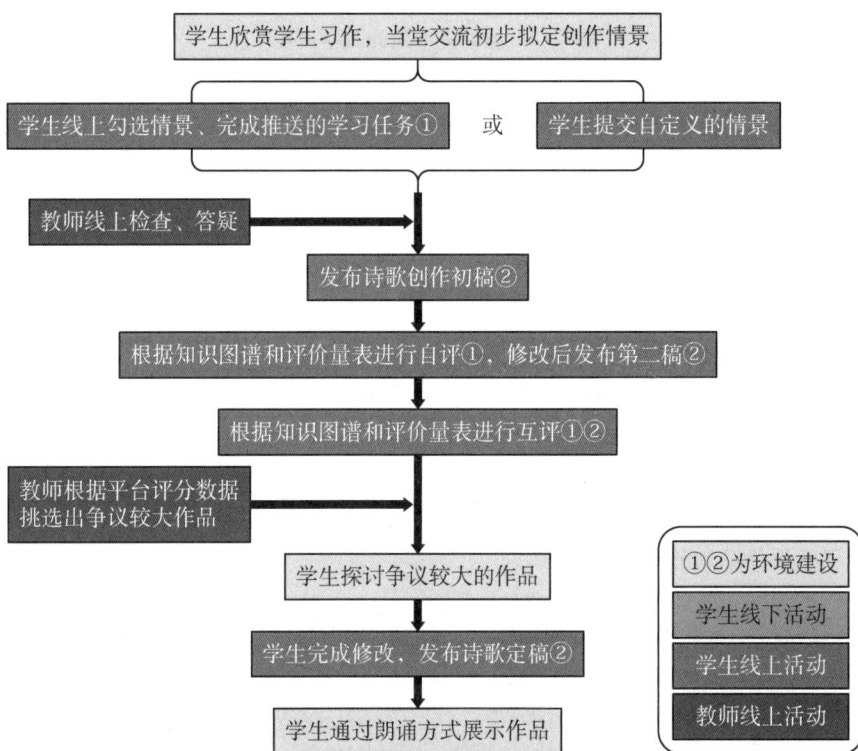

图3-7 创作类线上线下融合学习模式

(三) 指向个性化学习的教学评一致性模式

通过课前、课中和课尾的三次检测与课前、课中、课后的三次反思,提高教学评一致性,促进学生不仅关注学会,还要知晓"何以学会"。

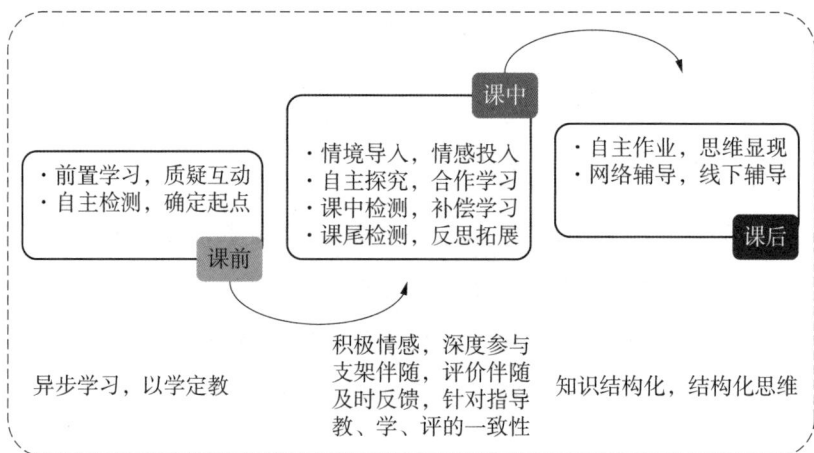

图3-8 教学评一致的教学流程

(四) 指向个性化学习的多功能体验沉浸式学习模式

1. 同一空间的学习区重构支持多功能个性化学习

同一个教室空间,根据不同的单元主题,根据学生不同的需求,选择不同的功能区域,支持教师的讲授、人机结合辅导、智能创编、展示交流。比如,智能钢琴教室就有教学表演区、智能钢琴练习创编区、作品鉴赏区等不同功能分区。

2. 不同空间的联结贯通支持多功能个性化学习

根据单元主题和学习任务要求,从解决真实问题和学生需求出发,将现有学习空间打通、重组,能有效提高空间的利用率,形成共同支撑单元学习的高效学习环境。以《创意模型设计与制作》的学习为例:

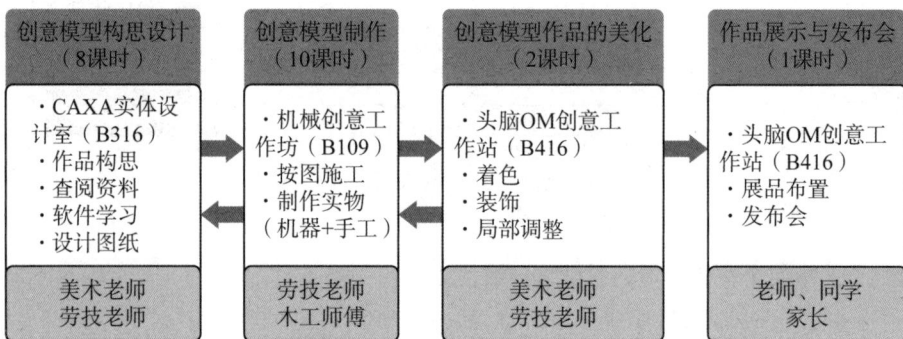

图3-9 单元学习实施流程及其与学习环境的关联

(二)案例分析

1. 整合多样化的学习环境

学习环境的分类方式多种多样,从空间属性来看,可以分为物理学习环境(实体学习空间,如传统教室、创新实验室等)、虚拟学习环境(基于数字技术构建的在线学习空间,如 MOOCs 平台)、混合学习环境(物理与虚拟学习环境的结合,如"翻转课堂");按学习活动性质来看,可以分为正式学习环境(有明确目标、结构与评估体系的环境,如学校课堂)、非正式学习环境(无固定结构,学习在生活场景中自然发生,如家庭、博物馆、社区活动中心等);按技术支持程度来看,可以分为传统学习环境(非数字化工具,如纸质教材、黑板、实体实验器材等)、数字化学习环境(数字化资源与工具,如使用 PPT、电子白板的基础数字化学习环境,集成 AI、大数据分析的智慧学习环境);从社会互动形式来看,可以分为个人学习环境(以个体为中心,强调自主性与独立性,如自习室、一对一辅导)、协作学习环境(通过团队合作促进知识建构,如小组项目制学习、在线协作工具)。在实际应用时,需要对学习环境进行多维度的交叉设计。本案例中,学校从物理、虚拟和心理学习三个方面切入构建系统化的智慧学习环境。

(1)物理学习环境

课堂作为学生主要的学习环境,其重要性不言而喻。创建灵活的、富有美感的、激发创新可能的课堂物理环境是促进学生学习发生的基础。学校将普通教室进行学科化和智能化改造,根据不同学科的特点和需求进行设计,使其具备更丰富的功能和更好的学习氛围。例如,智能钢琴室、百匠工坊、地球生态探索馆等,为学生提供与学科相关的实践操作和体验环境。与此同时,打造多功能化的创新实验室,如人工智能创新实验室、低碳创新实验室、未来科学家创新实验室等,支持学生开展自主探究、创新实践和实验研究,培养学生的创新能力和实践能力。

为满足学生非正式学习和自主学习的需求,学校通过优化校园内的公共自主学习空间,如图书馆、自修教室、连廊休憩处、地质生态园、钢琴角等,为学生提供开放、自主、舒适的学习环境。同时,学校注重整合校内外的各种学习资源和空间,如社区、场馆、企业等,为学生提供更加丰富多样的学习机会和实践体验。加强与高校、科研机构、企业的合作与交流,引进优质教育资源和专家指导,拓宽学生的视野和学习领域。

(2) 虚拟学习环境

在线上学习平台建设方面,学校构建教学平台和晓德助手等线上虚拟学习环境,通过数据采集与分析,感知和识别学生的学习特征,记录学习过程和测评学习结果,智能匹配线上线下的学习资源、工具及个性化辅导,连接学习社群。

在网络学习资源库建设方面,学校依据知识图谱构建在线学习资源库和自主检测题库,提供丰富多样的学习资源,如微课视频、练习题、拓展资料等,满足学生不同学习风格和学习节奏的需求,支持学生自主学习和个性化学习。

在虚拟学习社区建设方面,学校利用线上微信、QQ、腾讯会议等多种方式创建虚拟学习社区和学习小组,促进学生之间的互动交流、合作学习和资源共享,营造轻松自由的学习氛围,满足学生的社交需求和合作学习需求。

(3) 心理学习环境

通过对学生进行多元智能和学习风格的测验,了解学生的个性化学习倾向和心理需求,为学生提供适时、恰当的激励和指导,帮助学生建立自信、克服学习困难,提升对智慧学习环境的认同感。在学习开展过程中,教师能够做到尊重并理解学生的观念和体验,营造宽松包容的氛围,鼓励学生大胆发言,为学生提供充足的心理支持。同时,教师结合学生的学习情况和兴趣特长,为学生提供生涯规划和学法指导,帮助学生明确个人理想和学习目标,制定个性化的学习计划,促进学生的主动学习和自我管理。

需要指出的是,上述学习环境彼此之间并不是完全割裂的,而是有机融合、相互补充、相互支持、相互促进的,形成了一个完整的智慧学习环境生态系统。物理学习环境为学生提供了真实的学习场所和实验操作机会,虚拟学习环境拓展了学习的时间和空间,心理学习环境则关注学生的学习情感和态度,三者共同支持学生的个性化学习和发展。

2. 创设促进学习发生的学习环境

布兰思福特提出了促进学习发生的学习环境设计与实施的四个原则:学习者中心、知识中心、评价中心、共同体中心。[①] 其中,学习者中心是指新的学习应建立在学习者的先前知识、经验和信念的基础上;知识中心是指教学应聚焦领域中的核心概念和结构,并发展学习者对领域的整体理解;评价中心是指在整个学习进程中给予学习者及时而持续的反馈;共同体中心是指应建立相互学习、彼此协作的共同体文化以促进个体和共同体的学习与发展。依据上述原则,让我们换一种视角重新解构上述案例。

(1)学习者中心:以学生先前经验与需求为基础

其一,全面了解学习者的基本特征与学情现状。 通过多元智能量表、学习风格测验等心理问卷调查,以及学习情况问卷,全面了解学生的学习倾向、学习风格、在线学习情况、学习资源需求等,为后续的个性化教育提供依据。例如,发现女生在言语能力、空间能力等倾向上显著优于男生,男生仅在数理-逻辑能力倾向上显著优于女生,从而在教学中可针对不同性别的学生特点进行差异化指导。

其二,充分尊重学习者的个体差异与真实需求。 根据学生的不同特点和真实需求,进行"一人(类)一案"设计,提供个性化的学习路径和方法指导,如"日常积累型""自主选择型""思辨建构型"等线上自主学习模式。对于不同发展层次的学生,设置分层"网班"线上线下融合学习模式。线上平台能够基于知识图谱和学点关联,为学生智能推送学习资源。

其三,主动赋予学习者更多的学习自主权。 鼓励学生自主选择学习内容、学习资源、学习方式和学习进度,让学生在学习过程中拥有更多的自主性和控制感。例如,学生可依据自身情况,在线上平台自主选择学习资源进行个性化学习,先学后练,跳过已掌握内容,针对自身漏洞进行补漏,提高学习效率。

(2)知识中心:聚焦核心概念与跨学科整合

其一,构建丰富多样的知识资源体系。 整合各类学科教室、创新实验室、图书馆以

---

① 约翰·布兰思福特,安·L.布朗,罗德尼·R.科金,等. 人是如何学习的:大脑、心理、经验及学校 [M].程可拉,等译. 上海:华东师范大学出版社,2013.

及社区、场馆等校内外学习空间和资源,为学生提供开放、多元、联通的学习情境和技术支持。同时,开发线上学习资源库、自主检测题库等,涵盖不同学科的丰富知识资源,满足学生多样化的学习需求。

其二,注重不同学科间知识的关联与整合。 通过知识图谱等技术手段,将零散的知识点进行关联和整合,帮助学生构建完整的知识体系。例如,在语文学科中,借助知识图谱视角的学习资源构建,为学生提供文学常识、作品涵义理解、表达特点评价等方面的系统学习资源,助力学生"织补"甚至重构知识体系。

其三,促进知识的深度理解和创新应用。 创设真实情境和实践机会,让学生在实际操作和问题解决中深化对知识的理解并掌握。例如,在通用技术课程中,学生利用多个学科教室、创新实验室空间和资源,在多学科老师的指导下开展教室微改造等项目,将知识运用到实际设计与制作中,培养学生的创新思维和实践能力。

(3)评价中心:基于数据的持续反馈与动态调整

其一,建立多元化的评价指标体系。 构建智慧学习环境下高中生个性化学习指标体系,从学习态度、学习体验、学习成效三个维度对学生的个性化学习进行全面评价,关注学生的全面发展和个体差异,避免单一地以考试成绩为唯一评价标准的情况。

其二,为学生提供及时且持续的反馈。 利用信息技术手段,如校园信息平台、晓德助手等,实时采集和分析学生的学习数据、过程和成果,生成"学习者画像",提供个性化诊断报告。教师可根据平台数据了解学生的学习进度、掌握情况等,及时调整教学策略,进行个性化的辅导和答疑,帮助学生改进学习方法,提高学习效果。

其三,关注学生的自我反思与同伴互评。 一方面,培养学生的自我评价和反思能力,让学生学会对自己的学习进行审视和调整。另一方面,组织学生开展互评活动,促进学生之间的交流与合作,共同进步。例如,在线上学习平台上,学生可对自己的学习成果进行自评,也可对同伴的作品进行评价,通过讨论和交流加深对知识的理解和认识。

(4)共同体中心:协作文化与资源共享

其一,营造学习共同体文化。 通过改造学习空间,打造开放、自主、互动的学习环境,促进学生之间的交流与合作。学生基于兴趣或任务自由组成线上线下融合小组,通过微信、腾讯会议、公共自主学习空间等不同平台进行学习讨论、项目实践、协作交流等活动，形成良好的学习氛围和合作精神。

其二，关注跨校际与跨领域协作。与同济大学等高校合作，引入专家讲座和科研资源（如人工智能班每周高校教授讲座），拓宽学生的学习视野。同时，通过全员导师制、家长沟通平台等方式，整合学校、家庭、社会资源，形成育人合力，营造支持学生个性化发展的教育生态，为学生成长提供更丰富的机会。

其三，强化资源共享与辐射推广。通过建设"网络学习超市"和公共自主学习空间，促进学习资源的开放共享。同时，通过市级公开课、教育博览会、不同层面展示交流活动等方式，推广学校的智慧学习环境建设经验，推动区域教育创新。

3. 关注技术与教育的深度融合

学校通过智慧学习环境的建设，充分利用现代信息技术，实现了技术与教育的深度结合与广泛渗透，为学生创造了个性化、多元化的学习体验，推动了教育教学的全方位变革。

（1）技术深度嵌入教学全过程

在教学的各个环节中，学校深度运用技术手段，实现了精准教学与个性化学习。课前，教师借助晓德助手 APP 等平台进行学情分析，依据学生过往学习数据定制教学方案；课中，利用在线学习平台发起互动，实时掌握学生理解程度，灵活调整教学策略；课后，依据学生课堂表现推送个性化作业与辅导资源，学生可自主利用平台资源强化学习，提升效率。

（2）虚拟与现实学习场景实现无缝衔接

学校着力打造多元学习场景，促进虚拟与现实环境的有机融合。线上，构建晓德助手等自主学习平台，集成丰富资源与在线测试等功能，助力学生随时随地自主学习；线下，升级物理学习空间、改造学科教室、建设创新实验室和自主探究场馆、优化公共自主学习空间等。同时，探索线上线下融合的混合式学习模式，课堂融入线上资源，线下活动延伸至线上，保障学习的连贯性与灵活性。

（3）数据驱动教育决策与个性化学习支持

运用信息技术全方位采集学生学习数据，包括课堂表现、作业完成情况、测验成绩、学习时长、学习路径等多维度信息,利用数据分析了解学生学习特征,为教育决策提供科学依据。基于分析结果,为每位学生定制学习方案,包括学习目标、学习内容、学习方法、学习进度等方面的定制化安排。根据不同学生的学习情况和需求,实现教育资源的精准推送。此外,通过数据监测资源使用效果,实现资源优化配置。

(三) 学习环境创设的未来研究展望

随着基础教育课程改革的深入推进和生成式人工智能等技术的发展,传统的教学模式和封闭的学习环境已经无法满足时代育人需要,未来学习环境的创设将朝着智能化、个性化和跨学科融合的方向发展,通过整合人工智能、虚拟现实、大数据等技术构建沉浸式互动平台,支持自适应学习路径规划和实时反馈,满足学生的个性化需求。物理空间设计愈发强调灵活性与协作性,采用模块化布局与自然元素融合,促进小组探究、项目式学习及跨学科实践。注重虚实融合的全球化学习网络建设,打破地域限制,连接多元文化资源,并强化情感关怀与心理健康支持机制,通过数据驱动的环境调节技术营造安全舒适的学习生态,最终形成技术赋能、人本导向、可持续创新的终身学习生态系统。

(四) 学习资源

1.《学习环境的理论基础——21世纪人类学习的革命译丛》

本书是戴维·H. 乔纳森等人编著,郑太年、任友群译,由华东师范大学出版社在2004年出版。本书分别从社会共享认知、情境学习、日常认知和日常推理、活动推理、生态心理学、分布式认知以及基于案例的推理等有关学习与意义制定的理论出发,并由此强调学习是包括互动的意图—行动—反思活动的实践。这些理论的侧重点各不相同,但是分享了有关学习的许多共同信念和价值观,为创设以学生为中心的学习环境设计提供了理论上的支撑。

2.《重新设计学习和教学空间：设计利于活动/游戏/学习/创造的学习环境》

本书是普拉卡什·奈尔等人编著，林文静译，由中国青年出版社在 2020 年出版。带着"在现代社会中，学校应该扮演什么样的角色？""学习环境如何适应个体化挑战？""我们如何把学习的神经科学研究与我们设计学校的方式联结起来？"这些问题，作者引领我们深入探索当代学习者的各种学习情境与机遇，通过设计学习和教学空间的各种案例，呈现一直以来对学习和教育的了解与思考。

四、以作业设计为内容主题开展学生学习研究

作业既是教育实践的重要环节，也是教师开展学生学习研究的关键对象之一。教师可以通过分析学生的作业完成质量、错误类型和反馈效果，探究学生对知识的掌握程度和学习障碍；通过分析学生的作业完成方式，探究学生的学习策略、动机和时间管理能力，以及作业难度、类型与学生的认知负荷、焦虑水平、自我效能感等心理因素的关系等。更进一步说，教师可以将自己或团队开展学生学习研究的相关成果与经验作为后续作业设计进一步优化的基石。

回顾学界对"作业"的认识，大致经历了从凯洛夫式文本作业观，即将作业视为课堂教学的延续，功能局限于知识巩固和技能训练，再到杜威式实践作业观，即强调"做中学"，通过情境化、生活化的活动探究知识、培养能力，再到对作业育人功能的进一步厘清和作业系统设计的进一步关注，认为作业是贯穿学习全过程，关联课程、教学与评价的重要载体，它的功能也超越了传统的知识巩固和能力培养，更多指向核心素养的培育，强调综合能力和正确价值观的塑造。但是，无论人们秉持何种作业观，都离不开以学生发展为中心，通过优化作业设计实现教育目标，发挥育人功能，并回应社会变革与政策要求这一共同特点。

作业本身是一个自我体系相对完整的系统，包括作业设计、作业布置、作业批改、作业讲评、统计分析等各个环节，彼此之间相互联系、相互促进、循环发展。作业设计是其中首要的关键环节，下面我们一起来看一个小学低年级语文主题情境式非书面作业设计的具体案例。

（一）案例链接

小学低年级语文"主题情境式"非书面作业的设计研究①

一、研究缘起

"双减"政策落地的变革中，如何减轻学生作业负担，成为教学变革关注的焦点。小学一、二年级不布置书面家庭作业，针对课堂上必要掌握的新知识，怎样让学生在课后得到及时巩固，这就需要对作业设计有更合理精心的思考。通过对一次面向低年段学生家长的调查问卷分析，我们梳理了低年段语文非书面作业存在以下三个主要问题：作业目标零散，教师设计随意；作业形式单一，学生缺乏兴趣；评价不够精准，影响作业效能。

基于此，我校尝试在低年段进行"主题情境式非书面作业"的设计，引导学生运用所学的知识更好地体验生活，和同学、家人一起动手、动脑完成非书面作业，使孩子们在丰富多彩的童年生活里，活学、乐学语文，提升语文综合素养。

二、设计原则

小学低年段语文"主题情境式"非书面作业涉及听、说、读等方面，让学生勤于阅读、乐于倾听、勇于动口、善于展示，培养他们的创新意识和理解运用能力。"主题情境式"非书面作业设计应遵循以下原则：

（一）层阶性

根据学生的学习差异设计不同的非书面作业，体现作业量的分层、作业难度的分层；针对不同发展水平的学生，制定基础、发展、创造不同层阶的作业。在突出层阶性的同时，体现序列化，根据学生身心发展和学科的特点，关注学生的个性差异和不同的学习需求。

---

① 本案例节选自上海市杨浦区复旦科技园小学顾晓燕老师的论文，原文以《小学低年级语文"主题情境式"非书面作业的设计研究》为题，发表于《杨浦教育》2023 年第 2 期，本书在选用时征得原作者同意略作了修改。

（二）多样性

非书面作业要由以前单一机械重复的练习向多样性、多形式的方向转变,让学生在做作业的过程中寓学于乐。内容要适度,形式要灵活,重视巩固,设计富有个性和创造性的活动作业等。

（三）趣味性

低年段孩子对单调枯燥的作业更容易产生疲劳,所以要考虑作业形式的趣味性。根据教材要求,从学生的年龄特征、生活实际以及感兴趣的事物出发,设计具有趣味性的作业,让学生从"愿做"变为"爱做",从而调动学生完成作业的积极性,让作业成为乐趣而不是负担。

（四）实践性

根据学生的生活经历,多设计实践操作类作业,让学生尝试运用所学的知识和方法寻求解决问题的途径,体会作业在现实生活中的价值,逐步成为知识的实践者。让学生动手操作,多感官协同活动,帮助学生对知识内容进行深刻理解,将语文作业设计与生活实践紧密结合。

（五）探究性

以课堂教学内容为基础,以问题为载体,可以通过学习小组的合作,对问题进行探索与研究,让学生自己发现问题、解决问题。语文学习的过程是学生思维发展的过程,以课文内容为基点,向课外延伸,让学生在探究性作业中得到思维发展。

（六）人文性

作业设计中关注学生情感、意志、人格和精神等成长,渗透文化内涵丰富,思想健康的语言文本,培养学生高尚道德情操和健康审美情趣,初步构建低年级学生正确价值观和人生态度。

三、设计策略

（一）目标对应,构建体系

我们通过梳理低年段非书面作业对应的教学目标体系,思考这些教学目标与之对应的非书面作业目标逻辑关系,明确非书面作业目标与教学目标相互独立却又紧密联系。从单元教学目标中,提炼出可检测的非书面作业目标。非书面作业内容能充分、均衡、合理地反映这些非书面作业目标。这样的梳理和思考,帮助我们更进一步按照一定逻辑顺序进行组织、把握非书面作业设计中的原则。

(二) 工具支撑,优化设计

同时,我们设计了非书面作业属性表,对模板关键要素的表述进行统一与规范;依托模板设计作业,优化设计。属性表展示了非书面作业的各个特性、实施等所需要参考的一些维度,比如作业的认知水平、核心素养、评价方式等,对单元非书面作业整体结构,做一个分析和调整,检测匹配性达成度,把握非书面作业整体,是否"合目的""合规定""合一致"。

表3-13 低年段主题情境式非书面作业属性表

单元 信息				课时 总计	
语文 要素					
单元 教学 目标					
课文	内容			课时	
单元 非书面 作业 目标				对应单元 目标	认知 水平
	1.				
	2.				
	注:▲为单元常规作业目标,★为单元重点作业目标,＊为 学期重点作业目标				
核心 素养					
单元 主题 情境			总题量		

	对应课文	对应非书面作业目标	认知水平	核心素养	评价方式	实施建议	完成时间
情境 1							
情境 2							
……							
设计说明	1. 非书面作业的设计是对单元非书面作业目标的进一步落实和补充,也是对语文要素的落实。 2. 核心素养以《语文学科课程标准(2022 年版)》为准:文化自信、语言运用、思维能力、审美创造。 3. 认知水平 A1 代表知道,A2 代表理解,A3 代表运用,A4 代表综合。 4. 评价方式:自评/互评/师评/家长评; 实施建议:选做/必做						

(三) 调整结构,丰富类型

在"主题情境式"非书面作业设计的过程中,我们聚焦学生核心素养,整合资源,本着"减负不减质"的原则,提质增效,纵横交错,遵循学生认知规律,精准设计。综合考虑单元整体结构、作业内容、作业类型、作业的呈现形式、作业量等因素,根据单元教学目标、教学内容、教学重难点,用内容丰富、形式多样的分层作业,帮助教学目标的达成,切实做到"控量、减负、提质、增效",促进学生核心素养的发展。

四、设计实践

"主题情境式"非书面作业的设计流程:分析单元整体→构建主题情境→设计场景活动(作业内容)→实施与评价。本流程为基本操作,在实际设计时,可以根据情况进行个性化调整。具体操作如下:

(一) 单元整体的解读

了解单元课文的前后关系及地位,从语文素养角度分析本单元育人价值,明确非书面作业的重难点目标。以单元为基础,依托课程标准和核心素养,让非书面作业设计贯穿整个单元教学,将单元内原本单篇的作业进行统整,有机融合,形成一份单元情境整体化作业,突出人文主题的深度,积极探索情境学习任务。

(二) 单元主题情境的构建

教师通过语文教材各单元的人文主题,创设相关非书面作业情境,引导学生在情境活动中进行体验、自主、合作、探索、交流、反馈、评价等一系列活动,来完成作业。以统编版语文二年级下册为例,可以构建如下主题情境:

表3-14 统编版语文二年级下册非书面作业主题情境构建

单元	人文主题	主题情境创设	情境构想
第一单元	"春天"	开往春天的火车	火车沿途会经过哪些地方,会看到哪些景色……
第二单元	"关爱"	爱心接力站	来自我们的小伙伴"小种子"的求助信……
第三单元	"传统文化"	游览民俗文化街	中国的传统文化等你来解锁……
第四单元	"童心"	童年的泡泡	一起来玩吹泡泡的游戏吧……
第五单元	"办法"	聪明的小种子	跟着小伙伴"小种子"探索更多生活小窍门……
第六单元	"大自然的秘密"	神秘的大森林	快来神秘大森林探险吧……
第七单元	"改变"	玩转魔方	小小的魔方世界,一直在不断变化着……
第八单元	"世界之初"	时光机的旅行	乘着时光机,去遨游世界……

以上这些作业情境的设计,不是唯一的,教师可以根据每个单元的学习任务和所要设计的作业内容,创设不同的创意情境。这些情境主题能吸引低年段学生,让他们在精心设计的作业情境中,快乐地完成学习任务。另外,情境设计中有多个场景,各个场景要整体规划,形成合力。一连串有衔接的子情境,构成一个有鲜明内容、有教育意义的单元主题情境。

> 春天来啦,小朋友们,让我们一起乘上春天的火车,去发现春天里有趣好玩的美好事物吧!
>
> 第一站:站台上,出现了两幅广告画,你能说说它们画了一幅怎样的景色吗?……
>
> 第二站:我们乘上小火车要去找春天啦!你看到了哪些美丽的春景呢?……
>
> 第三站:火车一路向前,车窗外,山坡上花儿都开啦……

第四站:瞧,小火车穿过了一片小树林,那是邓爷爷种下的树苗呀! 你能结合课文,说说邓爷爷植树的情景吗? ……

这是统编版二年级下册第一单元"开往春天的火车"的主题情境创设,我们可以看到单元整合情境,从第一站场景开始,串联了各子情境,注意了情境的一以贯之,做到了主题情境整体构建。

(三) 情境活动的设计

依据"双减"政策,教师对不同情境中的场景活动需控制作业数量,无需再重复课后练习与配套练习册,把还需巩固的知识在作业设计中整合体现。控制在每篇课文最多3题,若有超量的题目,建议以选做形式出现,体现作业分层。

由于作业缩量,这就要求在内容质量上严格把控,侧重于改编和创编,以核心素养为导向,更多地关注学生的综合能力;以单元语文要素为主,既要考虑课文目标完成,更要通盘考虑单元之间课与课的融通。在单元主题情境创设中,侧重紧扣"语文要素"来设计相关的作业,做到"精编精练高效",体现层阶性、趣味性、人文性等作业设计原则。

大自然的景色多美呀,邀请你做小导游,带着"小种子"一起来欣赏,向它介绍一下你喜爱的景物!(也可以介绍本单元课文中的景物哦)

这是第二单元"主题情境式"非书面作业的一个活动,让学生在创设的场景中,联系生活经历和体验,也可以参考提供的图片,发挥想象,照样子说一说,把自己喜欢的景物介绍给小伙伴(小种子),这是对"读句子,想象画面"本单元语文要素的尝试运用。

(四) 实施与评价

"主题情境式"非书面作业由于其形式的特殊性,需要采取不同方式实施,便于及时了解学生学习效果,获得纠正信息,帮助学生养成自觉完成作业的习惯。可采取以下实施策略:课内抽查、课外复查;组内汇报、生生互动;学生自查、家长协查;班级展示、集体交流。

这些策略在非书面作业的实施中,并不是单一的,可以是多样方式同时进行。如此一来,可以更好地减少完成的时间,提高效率,让实施更有效。

规范评价,重视反馈。重视评价主体的多元化,如:学生自评,自我反思;同伴互评,共同进步;教师点评,明确目标;家长参评,关注习惯……不同的评价主体,使学生更加关注自身学习效果,提高了自主性和积极性。

同时,评价形式也要注重趣味,能与单元主题情境相呼应,做到情境的整合统一,如:第四单元人文主题是"童心",创设的主题情境是"童年的泡泡",完成本单元非书面作业后,设计了这样的评价环节。

> 小朋友们,童年的快乐就藏在一个个五彩缤纷的小泡泡里,快来画出你吹出的可爱泡泡。你也可以用上彩笔为泡泡们涂上七彩的颜色哦。

图 3 - 10　评价案例

学生在情境中完成任务后,开展画泡泡、涂颜色或在探险活动中寻找勋章、贴勋章等活动,这些富有创意和趣味的情境评价,引领学生自我发展,提升了完成作业的动力,感受自己的进步,获得成功的愉悦,明确了目标和方向。

(二) 案例分析

1. 坚持课程视域下的作业观

"我们需要培养怎样的学习者? 通过学习什么来达到这样的学习目标? 如何判断学生学习到什么程度并进行反思调整课程?"……这些问题是秉持课程视域下的作业观的教师一直追问并努力回应的问题。随着教育改革的深入推进,课程视域下的作业观已经成为学界共识,尤其是核心素养时代如何发挥作业的育人功能更有其当下价值。课程视域下的作业设计应关注四大基本理念：一是作业设计要有利于促进学生个性化学习；二是作业与教学共同促进课程目标的达成；三是作业设计要符合不同类型的学习内容；四是作业设计要有助于对学生学习的诊断与改进。① 让我们带着这样的思考重新回看前文案例。

（1）促进学生个性化学习

每个学生的学习能力、风格和进度都存在差异，因此，作业设计要充分关照学生的差异与需求，通过难度分层、类型多样、形式有趣等方式，努力满足学生的个性化学习需求。

作业难度分层。作业设计原则中提到的"层阶性"，引导教师应根据学生的学习能力差异，设计"基础、发展、创造"不同层阶的作业。这种分层设计满足了不同学习程度学生的个性化需求，让每个学生都能在适合自己的层阶上有所收获，避免了作业对部分学生的过度负担或对另一部分学生的"吃不饱"现象。

作业类型多样。"双减"政策下，作业"控量、减负、提质、增效"刻不容缓。无论是高年级的书面作业，还是低年级的非书面作业，都需要教师设计类型多样的作业，让学生在做作业的过程中寓学于乐。内容要适度，形式要灵活，设计关注学生个性差异又能够发挥创造性的作业，帮助教学目标的达成，实现学生核心素养的发展。

作业形式有趣。"知之者不如好之者，好之者不如乐之者。"只有让学生真正乐在其中，才能让学习不知不觉中发生。案例里的作业设计原则将"趣味性"单列，引导教师应根据教材要求，从学生的年龄特征、生活实际以及感兴趣的事物出发，设计具有趣味性的作业，让学生从"愿做"变为"爱做"，从而调动学生完成作业的积极性，让作业成为乐趣而不是负担。

（2）促进课程目标的达成

作业并非孤立于教学之外，而是教学过程的延伸和补充。教师应依据课程标准和教学目标设计作业，使其与课堂教学内容紧密相连，形成一个有机整体。

紧扣语文课程目标。案例中的"主题情境式"非书面作业紧扣语文课程目标，以统编教材单元人文主题与语文要素为依托，设计作业内容与形式。在设计策略中就专门

---

① 王月芬.课程视域下的作业设计研究[D].上海：华东师范大学，2015.

提到"目标对应,构建体系"这一条,从单元教学目标中提炼出可检测的非书面作业目标,思考并厘清两者相互独立又紧密联系的关系。以第一单元"春天"为例,作业设计围绕"朗读课文,注意语气和重音"这一语文要素,在"开往春天的火车"主题情境中,让学生在观察广告画、描述春景中练习朗读技巧,做到作业与课堂教学目标的高度统一。

实现人文主题与语文要素的融合。在第三单元"传统文化"中,作业设计以"游览民俗文化街"为主题情境,引导学生了解中国的传统文化。学生在完成各项任务的过程中,不仅认识各种民俗文化事物,如传统节日、民间工艺、古代建筑等,还通过阅读相关的课文、故事、诗歌等文本资料,了解传统文化的内涵和魅力,同时还要学习文中出现的新字词、新的表达方式等语文要素。通过这样的作业设计,实现了人文主题与语文要素的深度融合,让学生在感受传统文化魅力的同时,提升语文素养,实现语文课程中传承和弘扬中华优秀传统文化的目标。

关注知识与技能的迁移应用。在第八单元"回到世界之初"中,教师引导学生乘着时光机回到远古时代,开启世界之初的奥秘。根据课文内容展开想象,仿写祖先生活场景。学生在完成作业时,需要发挥自己的想象力,构思远古时代祖先的生活场景,如他们如何寻找食物、制作工具、搭建住所等,同时还要运用所学的语言知识进行描述和表达。这一设计将课堂学习的"想象与表达"技能迁移至真实情境,让课堂与作业协同发挥育人功能,共同作用于课程目标的达成。

(3)契合学习内容的不同类型

学习内容的类型,如知识记忆、技能训练、理解应用、综合创新等,决定了作业设计的目标、形式和评价方式。只有匹配学习内容的特点,作业才能有效巩固知识、提升能力并促进深度学习。在本案例中,教师在作业设计时,通过语文教材各单元的人文主题,创设相关非书面作业情境,引导学生在情境活动中进行体验、自主、合作、探索、交流、反馈、评价等一系列活动。这些活动有的是针对字词句学习,如"字词句大闯关"游戏,通过多种有趣的活动来强化对字词句的识记、理解和运用;有的是针对阅读理解和口语表达学习,如邀请学生做小导游,带着"小种子"一起欣赏大自然景色,向它介绍自己喜爱的景物。

(4)诊断学习问题与改进教学

好的作业设计能够为教师提供学生学习情况的反馈信息,帮助教师了解学生对知识的掌握程度、存在的问题和不足之处，在此基础上改进教学实践。

建议多元评价体系。案例中的作业实施与评价环节，采取多元评价方式，包括学生自评、同伴互评、教师点评、家长参评等。在"童年的泡泡"主题作业评价中，学生通过画泡泡展示自己的朗读情况。每个泡泡上都有具体的评价标准，如朗读是否流利、是否有感情、是否注意语气和重音等。学生在完成作业后，先进行自评，对照评价标准给自己涂色，反思自己在朗读过程中的优点和不足；然后进行同伴互评，同学之间互相交流、互相学习，分享彼此的朗读经验；最后教师在查看学生涂色的泡泡后，能快速了解学生朗读能力的掌握情况，发现问题并给予针对性指导。家长的参与也能让学生的学习效果得到更全面的关注和监督，家长可以协助教师检查学生的作业完成情况，督促学生改进学习方法，培养良好的学习习惯。

促进教学改进。教师根据评价结果，可以及时调整教学策略和方法，针对学生普遍存在的问题进行重点讲解和训练，提高教学质量。如"童年的泡泡"主题作业评价中，教师通过查看学生涂色的泡泡情况，发现学生在语气和重音的把握上存在问题，便可以在后续教学中加强对这一方面的训练和指导。更重要的是，学生也可以在评价自己、评价他人的过程中及时了解自己的学习情况，发现问题并进行改进，发展自己的元认知能力。

2. 基于标准的作业设计

"基于标准的作业设计"是指以国家课程标准（如学科核心素养、学业质量要求）为核心依据，系统规划作业目标、内容和评价方式，确保作业与教学目标一致，并精准指向学生能力发展的教育实践。其本质是通过作业设计落实课程标准，实现"教—学—评"一体化。

（1）紧扣语文核心素养

核心素养是学生通过课程学习逐步形成的正确价值观、必备品格和关键能力，是课程育人价值的集中体现。义务教育语文课程培养的核心素养，是学生在积极的语文实践活动中积累、建构并在真实的语言运用情境中表现出来的，是文化自信、语言运用、思维能力、审美创造的综合体现。本案例中，教研组研制开发"低年段主题情境式非书面作业属性表"，供教师在具体作业设计时借鉴参考。"属性表"中将"核心素养"

单列,引导教师在作业设计时予以充分关注。

(2) 落实单元语文要素

每个单元的作业均对应教材明确的语文要素,并通过情境任务将语文要素转化为可操作的实践。"属性表"中"语文要素"也是非常关键的内容。以第一单元语文要素"朗读课文,注意语气和重音"为例,教师创设了"开往春天的火车"主题情境,让学生在各个站点完成不同的朗读任务。在站台上描述广告画景色时,要求学生用欢快、明亮的语气朗读,突出春天的生机和活力,同时注意重音落在描写春天特征的词语上,如"嫩绿""鲜艳""芬芳"等;在寻找春天的过程中,学生要读出对春天的喜爱之情,语调可以稍高一些,声音可以更响亮一些,通过语气和重音的变化表达自己对春天万物复苏的期待和兴奋;在介绍车窗外山坡上的花景时,要读出花儿盛开的美丽和生机,重读描写花朵颜色、姿态等关键词语,让听众能够感受到春天的绚丽多彩……通过上述一系列学习任务,学生在实践中掌握朗读技巧,提升朗读能力,切实落实了第一单元的语文要素。

(3) 契合学生认知发展规律

考虑到低年段学生形象思维发达、好奇心强、活泼好动的特点,案例中的作业设计采用直观、生动的情境式作业。在"童年的泡泡"主题作业中,让学生吹泡泡、画泡泡,然后用泡泡来展示自己的朗读情况。这种游戏化的作业形式,符合低年段学生好玩、好动的特点,让学生在玩乐中完成作业,感受学习的乐趣。同时,通过泡泡上的评价标准,引导学生关注朗读的技巧和方法,促进学生朗读能力的提升。学生在吹泡泡、画泡泡的过程中,不仅锻炼了动手能力,还激发了对学习的兴趣,作业将学习与游戏有机结合,符合低年段学生认知发展由具体形象思维向抽象逻辑思维过渡的特点。

3. 以单元作为作业设计的基本单位

单元一般是指同一主题下相对独立并且自成体系的学习内容,单元作业设计是指教师以单元为基本单位,依据一定的学习目的,选择重组、改编完善或自主开发等多种形式形成作业的过程。[①] 也就是说,"以单元为作业设计基本单位",意味着教师需要

---

① 王月芬. 单元作业设计:价值、特征与基本要求[J]. 上海教育,2019,(13):33—35.

跳出单节课的碎片化设计,将单元整体教学目标作为出发点,围绕单元核心概念、关键能力和素养要求,系统规划单元作业目标、任务链及评价体系,把作业作为单元学习的有机组成部分。相较于课时作业,单元作业具有系统性、关联性、结构性等突出优势,有助于学生构建知识网络,促进深度学习,这与核心素养培育的要求不谋而合。

（1）单元整体解读与目标统整

教师在每个单元作业设计前均对整个单元进行整体解读,依托课程标准和教材,了解单元课文的前后关系及地位,从语文核心素养角度分析本单元育人价值,明确本单元应落实的语文要素,厘清单元教学目标与单元非书面作业目标的关联等。这些内容,都通过"属性表"的细化分解得以落实。

（2）主题情境贯穿单元学习

每个单元以人文主题为核心设计连贯情境,将单元内原本单篇的作业进行统整,有机融合。例如,第一单元以"春天"为人文主题,通过"开往春天的火车"这一主题情境创设,串联起单元内的多篇课文,学生在"站台观察——火车旅行——森林探险"等多个场景的不同学习任务中逐步完成朗读、想象等任务,形成单元知识链,实现整体的学习体验。

（3）作业的结构性与分层递进设计

对应不同的学习内容,各单元作业也相应地涵盖多种类型,如口语交际、实践活动、阅读写作等,形成结构合理、类型多样的作业体系。同时,从单元的整体视角出发,教师安排的作业内容也应根据单元内课文的逻辑顺序逐步深化,体现分层递进设计。例如,第三单元"传统文化"的学习中,学生需完成识字练习（基础类作业）、民俗介绍（发展类作业）、家庭传统访谈录（创造类作业）,体现从认识到理解再到迁移的能力梯度,符合单元教学目标的发展路径,形成"保底不封顶"的作业结构,满足不同发展阶段的学生需求。

（三）作业设计的未来研究展望

作业研究正经历从以知识传授和巩固为主的"工具理性"向"育人本位"的深刻变革,越来越多的教育工作者意识到作业的育人功能——它不仅是知识传递的载体,更是塑造终身学习者、培养复杂问题解决能力的重要推手。现在,借助一些在线教育平台和智能软件,教师的作业布置与反馈更加便捷高效,虚拟现实、增强现实技术也在部分学校试点被用于作业设计。而且,在高度重视发挥校家社协同育人合力的当下,很多时候学校课程中的知识点通过作业延伸到家庭场景,家长陪伴孩子完成与生活相关的作业,同时借助社区科普活动、博物馆展览等社会资源布置实践作业,以拓宽学生视野,让作业在更广阔的生态中发挥育人作用。

未来,我们在作业设计时应当进一步聚焦育人功能,引导学生学会自主规划学习、寻找学习资源,通过独立或合作的方式将自己所学的知识和能力整合并迁移运用至真实情境的复杂问题解决之中。同时,技术与作业设计的融合也应跳出工具主义的藩篱,思考如何发挥技术在作业个性化定制方面的核心作用,基于大数据分析学生的学习风格、知识掌握薄弱点等海量信息,AI算法实时生成贴合每个学生个性化需求的作业内容,确保作业难度适宜、针对性强,真正实现因材施教,让每个学生都能在自己最近发展区内通过作业获得提升。"人机协同"作业模式也会在时代的进步中得以不断发展创新,学生与智能学习伙伴(由AI驱动的虚拟角色)共同完成作业必将成为未来的常态。比如,在语言学习作业中,智能学习伙伴可以和学生实时对话练习口语、一起探讨写作思路,激发学生的创造性思维,此时教师不是听之任之的"甩手掌柜",而应在背后把控作业方向和育人目标,实现技术助力下的高效协同学习。如此一来,教师、学生、家长、技术平台、社会资源等作业系统内各要素,围绕作业设计、实施、评价、反馈等环节密切协作,不断优化作业生态,以适应教育变革和学生成长需求,使作业真正成为促进学生全面发展、适应未来社会挑战的重要教育环节。

(四) 学习资源

1.《透析作业:基于30 000份数据的研究》

本书是王月芬、张新宇编著,由华东师范大学出版社在2014年出版。本书通过对3万份学生作业的量化分析与质性解读,深入剖析作业设计、实施与评价中的关键问题,不仅全面阐述了作业观念、作业设计、作业批改、作业讲评、作业效果等各个方面的现状与问题,还通过学段、学生、教师和家长的群体差异分析,以及作业各要素相互关系的综合分析等,反映了现象背后可能的原因,系统而深入地透析了作业全貌。

2.《重构作业——课程视域下的单元作业》

本书是王月芬编著,由教育科学出版社在 2021 年出版。作业一直备受关注,却又饱受质疑。本书聚焦单元作业,主要探讨了以下六个方面问题:一是作业的内涵和价值;二是作业设计思想的历史发展脉络;三是当下作业设计中存在的真实问题;四是为何要形成课程视域下的作业设计观;五是课程视域作业设计观下作业设计的策略与方法;六是课程视域下作业设计策略如何"可视化"。

第二节
方法视角：教师开展学生学习研究的案例分析

一、运用文献研究法开展学生学习研究

文献研究是一种古老而又富有生命力的科学研究方法。在选择研究方向时，它能够帮助我们确定研究选题，提供理论依据和研究方法，避免重复劳动和低水平研究。在研究过程中，文献研究帮助我们开阔思路，纠正方向。在成果提炼时，文献研究帮助我们科学解释研究结果，彰显研究价值与亮点。作为一种可以贯穿学生学习研究始终的研究方法，文献研究得到了教师们的广泛应用。

（一）案例链接

我国 ADHD 儿童运动干预研究文献计量分析[①]

本研究通过文献计量法对 2012—2022 年间发表的有关"ADHD 儿童运动干预"文献进行分析，旨在探讨近十年来 ADHD 儿童运动干预研究的现状、研究热点、存在问题及未来的发展趋势。

[①] 本案例节选自上海市杨浦区扬帆学校汪文娟老师的论文，原文以《我国 ADHD 儿童运动干预研究文献计量分析》为题，发表于《杨浦教育》2025 年第 1 期。本书在选用时征得原作者同意略作了修改。

一、研究方法

(一) 样本来源

研究样本的数据来自中国期刊全文数据库(CNKI),以"注意缺陷多动障碍""多动症""ADHD""运动干预""体育""训练"等为检索词,检索时间为 2012 年 1 月 1 日至 2022 年 5 月 31 日,进行全库检索,共检索到文献 67 篇。

(二) 样本筛选

在阅读文献的基础上,根据以下条件对文献进行再次筛选:(1)研究对象为 ADHD 儿童,共患儿童除外;(2)研究内容包含运动干预;(3)别除重复文献、近似文献和低相关度文献。最终确定符合研究目标的文献共计 34 篇。

(三) 数据分析

采用 SATI 文献题录信息统计分析工具,主要对文献数据进行频次、百分数等描述性统计分析。

二、研究结果与分析

(一) ADHD 儿童运动干预研究的文献概况

1. 文献发表时间与数量

2012—2022 年间 ADHD 儿童运动干预研究整体呈逐步攀升态势。2020 年以前国内相关文献数量均在 5 篇以下;2021 年文献数量呈现小高峰,文献量为 9 篇;截至 2022 年 5 月 31 日,2022 年的文献数量已有 7 篇。这表明 ADHD 儿童的运动干预研究越来越受到学者们的关注。

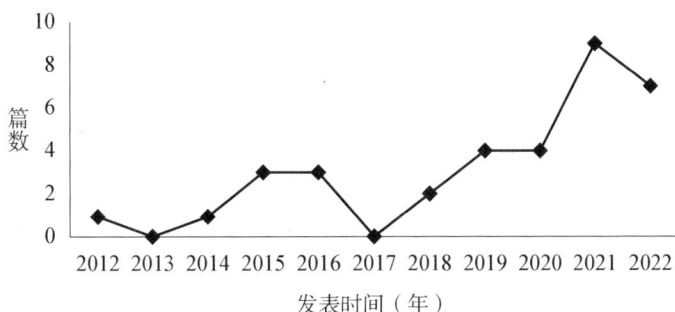

图 3-11　ADHD 儿童运动干预研究文献的发表时间与数量

2. 文献来源

对 34 篇文献的来源进行统计分析可知，ADHD 儿童运动干预研究文献的来源有三，分别是期刊、硕士论文和会议。源自核心期刊和硕士论文的文献数量占比超 50%，这表明 ADHD 儿童运动干预研究的水平较高。

表 3-15　ADHD 儿童运动干预研究文献的来源统计

文献来源	核心期刊	一般期刊	硕士论文	会议
篇数	15	10	3	6
百分比	44.2%	29.4%	8.8%	17.6%

为进一步了解文献的研究层级，对 25 篇期刊文献的基金分布进行统计汇总，结果表明基金文献 16 篇，其中国家级基金文献 7 篇，省市级基金文献 9 篇。

3. 机构分布

为了解文献的机构分布情况，依据文献第一作者的所属机构进行统计，高校研究者对 ADHD 儿童运动干预最为关注，这表明高校是 ADHD 儿童运动干预研究的主力军。

表 3-16　ADHD 儿童运动干预研究文献的机构类型

文献机构	高校	医院	基层学校
篇数	27	5	2
百分比	79.4%	14.7%	5.9%

4. 研究类型

按照理论研究/实证研究这一分类标准，对检索到的目标文献进行梳理，其中理论类研究文献和实证类研究文献均为 17 篇，各占 50%，这表明 ADHD 儿童运动干预研究领域理论研究和实践研究齐头并进。

（二）ADHD 儿童运动干预研究的热点

1. ADHD 儿童运动干预之理论研究热点

在 17 篇理论类研究文献中，探讨的焦点多聚焦于运动干预对 ADHD 儿童认知功能、执行功能、基本动作技能、问题行为、身心适应等方面的积极作用的梳理，通过文献回顾、Meta 分析等形式综述运动干预对 ADHD 儿童某方面的影响与改善。

2. ADHD 儿童运动干预之实证研究的内容

梳理实证类研究文献，4 篇研究涉及足球、乒乓球、弹力球等球类运动干预对 ADHD 儿童的核心障碍的改善与影响。除了球类运动外，学者们还依托定向运动、有氧运动、瑜伽、韵律操、太极拳等具体的运动项目开展 ADHD 儿童运动干预专题研究，有 9 篇。另 4 篇归为综合型运动干预，或采用常规治疗＋运动干预，或设计 4 个运动项目的干预方案进行实践。

表 3 - 17　ADHD 儿童运动干预之实证研究内容统计

类型	研究者	研究对象	具体干预实施	效果评估工具	积极干预效果
球类运动干预	李阳,任园春,宋以玲,等(2022)	6—8 岁	足球练习:6 周,每周 5 天,每天 2 次,每次 30 分钟	粗大动作发展测试量表第三版、ADHD 评定量表	粗大动作、体质
	宋以玲,李阳,刘靖,等(2022)	6—8 岁	足球练习:6 周,每周 5 天,每天 2 次,每次 30 分钟	Stroop 色词测验、Rey-Osterrich 复杂图形测验、连线测验	执行功能:抑制控制、认知灵活性
	吴广宏(2012)	7—12 岁注意缺陷型	乒乓球锻炼:15 周,每周 3 次,每次 70 分钟	中小学生注意力测验、DSM - IV 诊断标准	注意集中、维持
	安雪娇(2016)	9 岁	弹力球:12 周,每周 3 次,每次 40 分钟	5 项基本灵敏素质测试	灵敏素质
其他运动干预	刘阳,杨宁(2018)	6—12 岁	定向运动:12 周,每周 3 次,每次 35 分钟	青少年注意力测验、视觉空间工作记忆测量:Corsi 积木点击任务	注意分配与广度能力,视觉空间工作记忆能力

类型	研究者	研究对象	具体干预实施	效果评估工具	积极干预效果
	宋杨,刘阳,杨宁,等(2020)	/	定向运动：8周,每周3次,每次30分钟	执行功能测试工具：Flanker任务、1-back、More-odd shifting任务	执行功能
	葛亚文,丁洁珺,江凯华(2022)	6—10岁	跳绳：8周,每周3次,每次30分钟	Flanker任务执行功能测试	执行功能
	杨燕娜(2015)	6岁半	跳绳	课堂观测,教师、家长访谈	多动行为
	孙拥军,于秀,王新坤,等(2015)	/	身体锻炼：15周	工作记忆测试	工作记忆
	田祯祥(2018)	3—6岁	瑜伽：12周,每周3次,每次40分钟	身体素质测试、SNAP－Ⅳ量表、Conners父母问卷、中国韦氏幼儿智力量表(C－WYCSI)	柔切素质、平衡能力、认知功能
	朱家明(2019)	3—6岁	韵律操：10周,每周3次,每次30分钟	ADHD行为评定量表	改善症状
	陈玉民,程亮(2016)	8—9岁	太极拳：16周,每周3次,每次1小时	儿童行为量表、感觉综合量表、适应性行为量表	改善症状
	张军,文飞球,张佳楠(2014)	6—12岁	小脑运动训练：24周,每天2次,每次10分钟	CNAP－Ⅳ量表、Conners父母问卷、平衡功能测试仪	改善症状、平衡
综合运功干预	许西长,孙映红,周凡,等(2021)	4—6岁	行为矫治＋精神运动康复：24周,每周2次,每次45分钟	Conners父母问卷	改善品行、学习问题、多动
	李宇莘,王爽,李东宁(2021)	6—13岁	常规干预＋团队游戏＋音乐节律活动：16周,每周2次,每次50分钟	Conners父母问卷、ADHD父母评定量表	行为问题、核心症状

类型	研究者	研究对象	具体干预实施	效果评估工具	积极干预效果
	汪雪（2020）	7—9 岁	长跑 1.6 km、蹦床、韵律操、游泳：12 周，每周 5 次，每次 1 小时	闭目单腿直立检查法、走平衡木测试、Conners 父母问卷	专注力水平冲动-多动行为
	谢祎（2015）	8 岁	长跑、乒乓球、幼儿体操、游泳：4 周，每周 4 次，每次 1 小时	视听整合持续测试、Conners 父母问卷	注意力、控制力多动行为

按照球类、其他、综合运动干预对文献的研究内容等进行汇总，ADHD 儿童的运动干预实证研究对象年龄段以小学阶段为主，较多采用对照性实验方式进行比较研究，且不同类型的运动干预实施的周期、频次、时长各不相同，存在较大差异。在效果评估量表选用上，较多使用执行功能测试、注意力测验、Conners 父母问卷、行为评定量表等比较运动干预的效果。在干预效果方面，各个类型的运动干预结果较为一致，均能在一定程度上改善 ADHD 的核心症状，提高专注力，降低多动行为等。

（二）案例分析

1. 以可视化方式呈现文献检索结果

在这个案例中，教师通过文献检索了解了近十年关于我国 ADHD 儿童运动干预的相关研究文献情况。高质量的文献检索，能帮助我们筛选出自己需要的文献，从而对研究对象形成一个整体认识。在检索时我们可以关注以下几个方面：**一是精准定位**，可以通过拆解、细化或泛化核心概念的方式，提升文献查准率。案例中，虽然教师的研究主题是"ADHD 儿童运动干预"，但是她并不是只查找了"ADHD"和"运动干预"这两个关键词，而是分别以"注意缺陷多动障碍""多动症""ADHD""运动干预""体育""训练"等为检索词，通过多个检索词搜索，以保证文献的全面、准确。**二是前沿优先**，通常来说，我们需要优先检索和关注近几年的文献资料。例如，本案例就是聚焦近十年来 ADHD 儿童运动干预研究的现状、研究热点、存在问题及未来的发展趋势。查找近几年的前沿文献,有利于帮助教师更快地把握相关研究领域的新动态。当然,我们也要记得回溯一些经典的、奠基性的文献资料。**三是质量筛选,**可以优先选择核心期刊、名校成果、权威报告等,结合被引次数、影响因子等量化指标综合评估文献可信度。

文献检索完成后,我们将得到大量的数据和信息,如研究主题的发展趋势、不同研究之间的关系等。而可视化的方式可以将这些复杂的信息以直观的图形、图表等形式展示出来,使研究者能够**更快速、准确地理解和把握关键内容。**例如,教师在这篇案例中综合运用了折线图、统计表等多种形式,直观呈现了 ADHD 儿童运动干预研究文献的发表时间与数量、ADHD 儿童运动干预研究文献的机构类型、ADHD 儿童运动干预之实证研究内容统计等文献研究发现。大量科学研究证实,可视化形式不仅让我们记得牢,也能让我们理解得更透彻,能够提高我们接纳新知识并将新、旧知识关联起来的速度和效率,有助于我们更有效地学习和记忆。以可视化的方式呈现文献检索结果往往也更容易被他人理解和接受,有利于提高研究的沟通效率,促进学术交流和合作。

2. 开展计量分析为学生学习研究锚定方向

在这个案例中,教师运用文献计量分析具体分析了相关文献发表数量、来源、机构及研究类型等基本信息。一般来说,文献计量分析的主要内容有:(1)发表数量:文献年度发表数量、累计数量;(2)作者:作者发文数量、作者分布、作者合作网络;(3)研究机构及所属地域;(4)关键词词频、关键词共现网络、关键词变迁;(5)文献互引网络、共引、共被引;(6)期刊来源分布;(7)资源分布、基金分布、学科分布;(8)高频词下载/引用文献列表等。

这位教师所运用的 SATI 文献题录信息统计分析工具是一种常见的文献计量分析工具。题录是指检索类刊物中描述文献外部特征的条目,即将图书、报刊等刊物中的论文篇目按照一定的排检方法编样,供人们查找篇目的出处。题录的著录项通常包括:篇名、著者(或含其所在单位)和来源出处,但没有具体的内容摘要。

除了 SATI 之外,还有 VOSviewer、CiteSpace 等文献计量分析工具。如果将研究领域比喻成一片树林，那么传统的文献阅读和分析方法就像我们在树林靠我们的脚一步一步探索，再把收集到的信息串起来。这样了解的信息很片面，很容易遗漏关键信息。而文献计量分析就好比我们通过卫星定位或者无人机观察到了这片树林，知道了哪些是重点地区值得我们去，让我们的文献研究突出重点、更有针对性。通过文献计量分析，教师可以从海量文献中高效提取结构化知识，实现从"经验驱动"到"数据驱动"的研究范式升级，尤其在教育政策分析、教学模式创新、学生学习行为研究等领域具有显著应用价值。这不仅便于教师识别当前研究热点和空白，找到潜在的研究领域和合作对象，相关研究发现也非常适用于文献综述撰写和学术论文发表。并且这些文献计量分析工具在操作使用上无需编程基础，适合教师快速上手。

（三）案例链接

中学地理实验教学研究综述、问题与教师行动建议[①]

本文梳理地理新课标发布以来关于中学地理实验教学的研究，从理论研究、主题选择、目标设定、实验实施和实验评价五个维度进行综述，从中总结中学地理实验教学中存在的主要问题，并对地理实验教学提出进一步的行动建议。

一、文献概况

选取中国知网中文总库中的学术期刊以及《地理教育》杂志作为文献来源，以"中学地理实验"和"高中地理实验"作为主题词，设定时间范围为 2017 年 1 月到 2024 年 5 月进行检索，共 125 篇文献，其中《中学地理教学参考》44 篇、《地理教学》33 篇、《地理教育》13 篇、其他 35 篇。根据文献发表趋势图可知，2017 年以来每年发文量基本在 10 篇以上，2020 年最多，之后有下降趋势。

在论文研究中，关键词扮演着核心角色，高频关键词的出现揭示了该领域的研究热点。通过运用 CiteSpace 对相关文献进行分析，构建了关键词共现网络。在这个网

[①] 本案例节选自上海市杨浦高级中学姜俊杰、张峦的论文，原文以《中学地理实验教学研究综述、问题与教师行动建议》为题，荣获 2024 年上海市中小学幼儿园课题情报综述征文评选二等奖。本书在选用时征得原作者同意略作了修改。

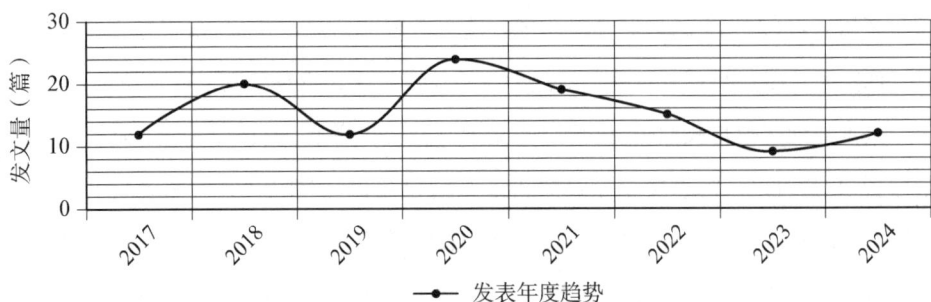

图 3–12 中学地理实验文献发表趋势图（2017—2024 年）

络中,共有 135 个节点,其中"高中地理""地理实验"和"实验教学"为核心,紧密联系 "实验设计""核心素养"等关键词。

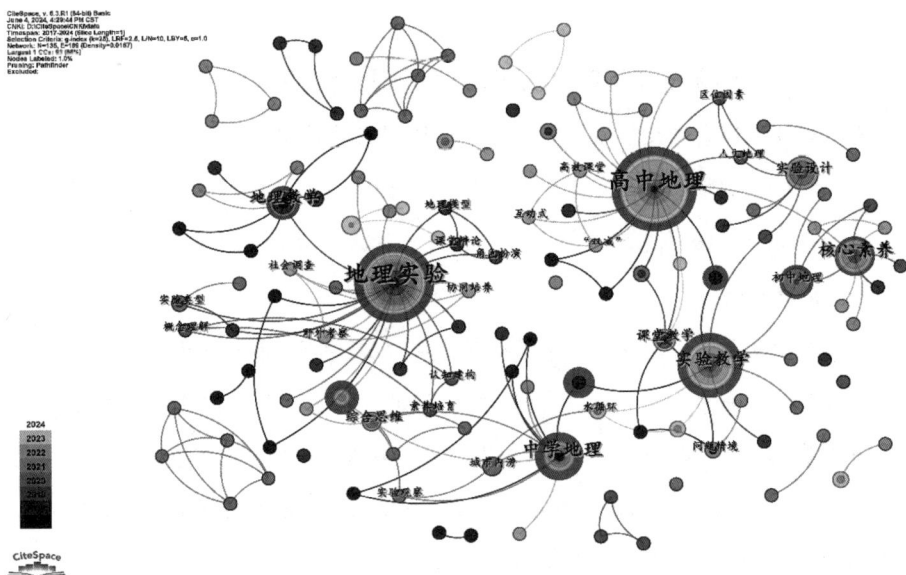

图 3–13 频次大于 5 的关键词共现网络图

二、研究综述

本文从五个方面对地理实验教学研究进行分类。首先是理论研究维度,然后使用 泰勒的目标模式进行维度分类,分别是确定目标、选择经验、组织实施、评价结果。部分研究是明确指向某一维度的,而大部分研究都是围绕某地理实验案例涉及多个维度,以下综述对其进行分类呈现。

(一) 理论研究逐渐增加

中学地理实验教学需要理论指导实践,以不断提升地理实验教学的科学性、有效性和育人性。近年来理论研究逐渐增加,尤其是将各种教育教学理论应用到实验实施上。

杨靖源等将中学地理实验划分为经典实验室实验、时间变化模型实验、类比实验、空间变化模型实验、物理模型实验及计算机模型实验六大类型。黄兴顺等借鉴杜威经典的"做中学"理论,提出地理课堂实验教学建立在真实的情境中,以实验的形式促进学生发现问题、解决问题,达成知行合一。许福慧等运用HPS教育理论,进行温室气体验证实验教学,创设追溯科学历史事件的情境,搭建提升科学哲学思维的脚手架,调动投身科学造福社会的决心,培养学生的科学素养。何浩平等使用POE实验教学策略,进行流水地貌相关实验。学生展现原有概念、引发认知冲突、解释冲突原因并完成知识的同化或顺应过程,进而形成科学概念。李丽娜提出借鉴STEM教育进行地理跨学科实验,探索学科融合之道。陈琳运用抛锚式教学,向学生抛出了一个"锚"——测量常州正午太阳高度角或经纬度。学生在课前围绕一个主题以小组为单位讨论方案、设计仪器实际测量,课堂变成各个小组进行问题研究和展示的场所。王莺等运用心理学的具身认知理论,设计了一系列土壤实验,建立和营造了实感、实境和虚拟的具身场域,解构具身认知理论在地理实验设计中的应用。

(二) 主题选择逐渐丰富

好的选题是成功的一半。地理实验教学主题的选择明确指向教学目标的达成,如突破地理重难点、增强学生感性认识、培育地理实践力等。主题多来自教材,多为对教材实验的改进。主题多为自然地理方向,涵盖面广,人文地理较少,符合实验教学的理科特征。

本文使用曹琦对地理实验内容的分类,在下表中梳理双新实施以来发表的地理实验主题,供同仁借鉴和思考。

表 3-18 2017—2024 文献地理实验教学主题汇总

内容	主题
地球系列	① 星空观测,月相观测,月面观测,太阳黑子观测,某地方位的测量 ② 地球的绕日运动 ③ 演示地球自转与公转现象×2,昼夜交替,观察晨昏线,区分晨线与昏线 ④ 沿地表水平运动的物体发生偏移的地理实验 ⑤ 观察测量当地的经纬度和正午太阳高度角
气象气候	① 热力环流×5 ② 近地面大气的直接热源,大气保温作用 ③ 气象要素观测 ④ 霜、雪、雨的形成 ⑤ 锋面系统形成过程,锋与天气 ⑥ 气压带和风带计算机模拟实验 ⑦ 碳排放与温室效应 ⑧ 洪涝灾害模拟实验
水文系列	① 自然界的水循环×2 ② 地面性质对下渗的影响 ③ 绘制海绵校园规划图,校园水循环调查,模拟海绵城市 ④ 模拟湖泊的形成和补给、模拟地质条件对湖泊补给的影响 ⑤ 澳大利亚大自流盆地 ⑥ 长江的开发与治理 ⑦ 上升补偿流模拟实验 ⑧ 上升流的形成、寒暖流交汇与渔场的形成、海水的性质与运动
地质地貌	① 流水侵蚀作用和冲积平原的形成过程、凹岸侵蚀和凸岸堆积、河口三角洲形成 ② 模拟冲积扇的形成过程×2 ③ 喀斯特地貌 ④ 地震波特性、震中逃生、震后自救互救、震前预防 ⑤ 泥石流的形成与防治 ⑥ 火山爆发模拟实验×2 ⑦ 模拟岩层的错动 ⑧ 模拟"褶皱山的形成" ⑨ 面包演示差层弯曲状况
地图系列	① 等高线地形图的判读 ② 地理信息系统及其应用

内容	主 题
生物和土壤系列	① 土壤组成、土壤的形成、土壤侵蚀 ② 水土流失的影响因素
人文地理系列	① 城市内涝的影响因素实验×2 ② 农业区位选择

（三）教学目标逐渐明确

随着"双新"实施，实验教学目标从三维走向素养，从培养兴趣到培育地理实践力，从智育为主上升到五育融合。地理实验教学凸显其独特的育人价值，学生通过实验学习解决真实问题，探究地理原理，突破地理重难点，增强地理思维，形成地理关键能力和必备品格，感悟人与自然的关系。

高中地理课标解读明确地理实验教学目标有四：一是加深对地理知识体系的理解，二是挖掘地理实践活动的内在价值，三是促使学生切实关注人地关系的和谐，四是在地理实践活动中提升学生地理学科核心素养。夏敏等梳理了地理实验教学与地理学科素养的关系，分别是：地理实验教学衔接理论与生活，为素养生成提供前提；地理实验教学转变学习方式，为素养落地提供途径；地理实验教学引领价值情感，为素养达成提供方向。

（四）教学实施逐渐规范

地理实验教学实施的研究实践性强，而一线教师是落实的主导者，相关研究较丰富，使得地理实验教学实施的原则、过程和特征逐渐走向规范，形成共识。目前的教学实施主要追求地理实验的落地，凸显学生主体，学生在"真"实验中"真"做事、"真"学习、"真"成长。

地理实验教学原则形成共识，如科学性、地理性、实践性等。袁方等提出融科学性、实用性、实践性、创新性、生成性"五位一体"的高中地理实验教学模式，以此规范和引导地理实验教学活动。

地理实验教学实施方案的流程逐渐统一，可以概括为三个主要环节，分别是：提出问题、进行实验、构建知识，不同的教学实施方案主要是对这三个环节的顺序进行组合。李长苓等提出地理实验探究是一个"做中学"的活动,符合杜威的"思维五步法"。既让学生在实践活动中提出自己的困惑,并明确问题;提出问题所有的假设,并进行推理;又通过设计实验,进行实验操作,来验证检验假设,形成一个科学系统的解决问题的认知模式。彭思源提出"前探·中建·后迁"实验教学模式,前探即课前探究实验,中建即课堂建构原理,后迁即课后迁移应用。勾书琪创设"猜想、实验、解释、交流、迁移"的实施方案。邓谋雨创设"问题·探究·建构·迁移"的实施方案。何浩平等使用POE(即预测、观察、解释)实验实施方案。

地理实验教学实施的特征呈现以下四个明显的升级:实验者从教师演示向学生操作升级,实验设备从简易向技术赋能和专业规范升级,地理实验从模拟表象向追求科学原理升级,教学环境从课堂、教室向课外、专业实验室和真实世界升级。

(五)教学评价逐渐多元

地理实验教学评价的研究逐渐增加、多元化,呈现过程性评价与总结性评价结合的特征,回应地理等级考如何考察学生地理实践力素养。课标明确地理实验教学应加强过程性评价、表现性评价和思维结构评价,近年来地理新高考中出现了大量的地理实验试题,考察学生对地理知识的理解、运用和地理实践力。

张玉芬通过课堂观察评价学生地理实验学习情况,提出在实验教学过程中教师要注意学生的参与度,不能为实验教学的形式而设计实验,重视实验结果的总结和归纳。张海使用PTA量表对学生进行表现性评价。陆丽云等运用SOLO分类理论评定学生的实验学习效果,学生学习程度由低阶到高阶依次为前结构水平、单点结构水平、多点结构水平、关联结构水平和拓展抽象结构水平。汤颖静结合新课标、校情、学情,划分了地理模拟实验的实践力表现水平的四个层次,主要评价维度为实验设计和实施、实验原理构建、组内表现、探究精神。李丽红提出要分别对教师与学生进行评价,评价指标由教学准备、教学过程、教学结果和实验报告四部分组成,评价方式分为自评、他评和师生互评三部分。

蔡叶斌总结了地理实验试题命制的3条路径:①在大尺度知识框架下嵌套小尺度实验,将地理实验作为解决问题、阐释观点的载体;②以地理实验作为进一步探索地理原理和规律的重要依据;③以定性实验为主,通过解释地理实验实施方法,引导学生观察实验、思索实验结果,加强学生对于基础知识的学习。

三、问题与不足

目前地理实验教学主要面临的问题是理论研究不足、主题选择不准、实验实施不真、教学评价不明。

（一）理论研究不足

地理实验教学理论研究多是将其他教育教学理论应用到实验实施上，对实验教学的其他维度研究较少，地理实验教学特征原创的理论研究较少，基础性、系统性的研究不足。

（二）主题选择不准

一些地理实验主题选择不准确，涉及的教学内容对于学生认知来说过于浅显、或不是教学的重难点，这样的地理实验一方面降低课堂教学效率，另一方面缺乏思维和实践价值，不利于学生对地理实验的认识，不利于地理实践力的培育。

（三）实验实施不真

地理实验教学实施实际工作比看上去困难很多，教师创设实验时会遇到很多麻烦，学生操作起来就更麻烦，将实验有机融入教学中，提升效率更难。但笔者认为地理实验实施的困难与其说是没有时间、缺少资源或环境、不够科学、受制于考试牵制等，不如说受制于师生意识与能力。部分师生没有意识到素养时代的来临，片面追求以做题为中心的智育，出现教师"育分不育人"、学生"求学不实践"的扭曲现象。如果不转变师生对地理实验的认识，就很难增强师生的实验能力，更无法实现地理实验教学高效率的追求。

（四）教学评价不明

地理实验教学评价需向过程性评价转型，目前地理高考中已经出现了有关地理实验过程性评价的试题，这对地理实验教学评价是一种引导，教师应在日常教学中加以关注。

（四）案例分析

1. 文献阅读后的分类梳理

在上面这个案例中我们可以看到，教师对查阅到的各种文献进行了梳理，从"理论研究逐渐增加、主题选择逐渐丰富、教学目标逐渐明确、教学实施逐渐规范、教学评价逐渐多元"五个方面呈现了已有文献的特征。当我们广泛收集文献信息后,就需要在阅读文献的过程中对文献进行分类存储。阅读时可以先快速浏览标题、摘要、关键词及结论,抓取核心变量、研究方法与主要结论,初步判断相关性与价值。然后针对一些经典文献、高影响力的文献以及与研究主题紧密相关的文献,需要进行精读,深入理解其内容方法,并进行批判性思考。

在阅读文献时,进行适当的读书笔记是非常重要的。不仅便于读者加深理解和记忆,使得文献中的关键信息以更简洁、有条理的方式呈现,也有利于读者梳理文献的逻辑思路和主要观点,使自己的研究思路更加清晰,也方便后续撰写论文和报告时的引用和参考。我们还可以通过列表或思维导图的形式进行记录。

具体可以从以下几个方面进行文献梳理:(1)基本信息:文献的标题、作者、发表年份、期刊名称、卷号、页码等,方便后续引用和查找。(2)研究目的:概括文献的研究目的,明确作者想要解决的问题或探索的主题。(3)研究方法:记录文献中使用的研究方法,包括实验设计、样本选择、数据收集和分析方法等,有助于评估研究的科学性和可靠性,也可为自己的研究提供方法借鉴。(4)主要观点:总结文献中的关键观点、理论框架,记录文献的主要研究结果,包括重要的数据、发现、结论等。(5)研究创新点:分析文献的创新之处,如新的研究视角、方法、理论或应用等,这有助于发现研究领域的前沿方向和空白点。(6)研究局限性:指出文献存在的局限性,如研究样本的局限性、方法的不足、未考虑的因素等,这可以为自己的研究提供改进方向,避免重复类似的问题。(7)个人思考:记录自己在阅读过程中的思考、疑问,有助于进一步深入理解文献,也可能为自己的研究提供灵感。

2. 撰写文献述评

文献综述是围绕某一领域、某一专业或某一方面的研究问题搜集大量相关资料,通过阅读、分析、整理、提炼出当前该问题的最新进展、学术见解或建议等,做出综合性介绍和述评的一种学术论文。一篇高质量的文献综述能够帮助我们全面掌握和分析某一领域已有的研究成果,发现研究问题和发展趋势,找到以往研究与当前研究的关系,为当前研究提供基础和依据。

因此,文献综述不仅仅要"综",更要"述"。在这个案例中,教师从"理论研究不足、主题选择不准、实验实施不真、教学评价不明"四个方面对前述文献情况进行了评价,为后续中学地理实验教学研究提供了创新切入点,对指导地理实验教学实践有着积极的促进作用。

在撰写文献述评时,一定要体现出批判性思维,避免单纯罗列文献,而要针对已有研究的局限进行客观评价,在综合分析的基础上,明确提出自己对于该领域研究现状的判断,阐述自己拟开展的研究如何填补或改善已有不足,从而体现出自己研究的独特价值。

(五) 运用文献研究法的注意事项

这里有一些老师们在运用文献研究法时经常会有的困惑和疑问,我们一起来看一下。

Q1:文献研究就是写一篇文献综述吗?

A1:不是。文献研究是通过检索、筛选、分析文献来理解研究问题的一种研究方法,而文献综述只是文献研究的成果呈现形式之一。前者是方法和过程,后者是阶段性成果,文献研究还可产出理论框架、方法对比表等多样化成果。

Q2:不同文献的研究结论相互矛盾时,该如何处理?

A2:这是一种正常现象。遇到这种问题,我们可以对比两者在研究设计、样本特征、统计工具等方面的区别。我们也可以在文献综述中客观呈现研究者们的矛盾观点,指出当前研究的分歧点,为自己的研究假设提供参考。

Q3:文献综述就是文献的总结和堆砌吗?

A3:不是的,在搭建文献综述框架时,我们可以按照内容思路进行组织,将主题相同或观点相同的文献放在一起梳理。更重要的是,要加入自己的批判性分析,明确指出已有研究的不足,并说明自己的研究如何弥补这些不足。

Q4:如何从已有文献中找到自己的创新点?

A4:可以从已有文献的研究对象、研究方法、研究场景等角度切入,对已有研究进行"增量式创新"。同时,可以结合时代背景,关注政策导向和技术变革,寻找文献中未涉及的新问题。

Q5：文献研究的成果是无法被运用到教育教学实践中的吗？

A5：不是的。一方面，我们可以从文献研究的成果中提炼出一些已经经过实证检验的有效方法，结合本校、本班实际情况调整后应用，进行策略迁移。另一方面，对于一些文献中的理论成果也可以尝试转化为具体教学原则。

（六）文献研究法的未来研究展望

文献研究是从事教育科学研究的基础，能让我们能够站在前人的肩膀上，通过学习、借鉴、汲取前人的研究成果和研究经验，提高研究的效率和质量。人工智能时代，教师的文献研究法也可以从"静态文献梳理"转向"动态知识共创"，通过一些信息设备和智能工具提升文献研究效率。例如，教师可以运用人工智能增强文献检索。利用ChatGPT、New Bing等智能问答工具，通过自然语言提问快速获取初步文献列表，结合关键词扩展优化检索策略。借助 CNKI 智能检索、Web of Science AI 辅助分析，自动过滤非核心文献，聚焦近年的高质量期刊文献，可以大大提高文献检索的效率和质量。此外，一些 AI 工具也可以用于辅助文献综述框架或初稿的撰写。

但需要注意的是，善用信息技术工具虽然使我们的文献研究更加科学、高效，但却不能完全代替人类。在文献研究中，我们也需要保留人工复核环节，避免 AI 检索因数据偏差遗漏重要文献。分析生成式 AI 总结的文献观点时，也需追溯原始论文验证逻辑，应结合不同学段、学科的实证研究数据综合判断。要始终保持批判性思维，将文献中的理论洞见与课堂真实问题结合，推动技术与教育教学的深度融合。

（七）学习资源

● **《怎样做文献综述——六步走向成功》**

本书由马奇与麦克伊沃合著，上海教育出版社出版，是一本聚焦文献综述实操的方法论指南。书中提出系统化的"六步框架"：从明确研究问题、制定检索策略，到评估文献质量、综合学术观点、分析研究空白，最终完成结构化写作，层层拆解文献综述的核心环节。作者强调以"问题驱动"为导向，结合大量教育、社科领域案例，解析如何高效筛选文献、识别学术对话脉络、避免常见误区。本书能帮助读者建立逻辑清晰的文献综述思维，提升从文献整理到理论创新的转化能力，兼具实用性与方法论价值。

二、运用比较研究法开展学生学习研究

比较研究法通过对两个或两个以上研究对象进行对比分析，揭示其异同点及内在联系，从而深化对研究对象的认识、探索规律或验证假设的研究方法。它就像教师手中的"放大镜"，既能看清学生学习中的细微差异，又能验证教学行为的实际效果。它让教师不再依赖经验猜测，而是通过"观察对比→分析原因→调整策略→再次验证"的循环，逐步形成更精准、更科学的教学方案，最终指向学生的个性化发展与学习质量的提升。

（一）案例链接

高中生物不同版本教材"细胞呼吸"教学内容的比较研究[①]

本文以"细胞呼吸"教学内容为例，对基于新课标的四个版本的普通高中生物学新教材进行比较，分别是：上海科技出版社的高中《生物学（必修 1 分子与细胞）》，2021年 8 月第 1 版（简称"沪科版"）；人民教育出版社的高中《生物学（必修 1 分子与细胞）》，2019 年 6 月第 1 版（简称"人教版"）；北京师范大学出版社的高中《生物学（必修 1 分子与细胞）》，2019 年 8 月第 1 版（简称"北师大版"）；江苏凤凰教育出版社的高中《生物学（必修 1 分子与细胞）》，2020 年 7 月第 1 版（简称"苏教版"）。通过分析四版教材在教学内容的结构、编排顺序、呈现方式、核心素养目标要求、学习评价五个方面的异同点，为生物学教学过程中核心素养的渗透和落实提供参考，为使用不同版本教材

---

① 本案例节选自上海理工大学附属中学顾淼淼老师的论文，原文以《高中生物不同版本教材"细胞呼吸"教学内容的比较研究》为题，发表于《杨浦教育》2023 年第 5 期。本书在选用时征得原作者同意略作了修改。

的教师提出教学建议。

一、四版教材关于"细胞呼吸"教学内容的结构比较

依据《普通高中生物学课程标准（2017 版）》（以下简称《课标》），"细胞呼吸"内容对应大概念 2 中的次位概念"说明生物通过细胞呼吸将储存在有机分子中的能量转化为生命活动可以利用的能量"，四个版本教材都遵循《课标》，将细胞呼吸内容安排在高中生物学必修 1《分子与细胞》的细胞代谢章节，从物质和能量角度，阐明细胞生命活动过程中的物质和能量变化。关于"细胞呼吸"的教学内容，四者的内容编排各有特色。

表 3-19　四个版本教材关于"细胞呼吸"教学内容的结构比较

教材版本	要素	功　能
沪科版	节名	"细胞通过分解有机分子获取能量"，概括本节内容，反映核心概念，支持课标大概念的构建。
	学习目标概念聚焦	明确本节学习目标，对应核心素养和学业质量的水平要求。 聚焦本节核心概念，对应课标的三级概念。
	节引言	为本节学习创设情境和问题，引导学生思考。
	课前活动	"探究不同供氧环境下酵母的呼吸方式"，以酵母细胞呼吸的实验及现象的分析，切入正题，引发学习。
	目名及内容	概括主题内容，指向课标三级概念，展开本节具体内容。
	拓展栏目	学习提示：本节共有 4 个"学习提示"，提示引发深层思考的问题或核心内容，如本节中第三个学习提示"写出有氧呼吸的物质转换和能量转换"，提示物质与能量观的生命观念。 广角镜：本节有 2 个"广角镜"，对正文内容进行补充和拓展。如"线粒体中 ATP 的生成"是对正文有氧呼吸过程的拓展，为部分学有余力的学生提供拓展学习的素材。
	自我评价	对本节核心概念进行提问，评价本节内容的知识掌握情况和素养发展水平。
人教版	节名	"细胞呼吸的原理和应用"，概括本节的内容。
	本节聚焦	呈现本节知识要解决的核心问题，具指导作用。

教材版本	要素	功　能
	问题探讨	"酵母菌在生活生产中的应用"，以生活生产实际中的现象引发思考，从而导入新知识。
	目名及内容	概括主题内容，指向课标三级概念，展开本节具体内容。
	探究实践	实验探究"探究酵母菌细胞呼吸的方式"，通过实验了解细胞呼吸有两种类型，培养科学探究能力。
	思考讨论	引发学生积极思考讨论，有利于发展科学思维。
	思维训练	运用证据和逻辑评价论点，有助于发展逻辑推理、归纳概括等科学思维能力。
	拓展栏目	科学方法：总结一些基本的科学实验方法，如本节在探究实验之后总结了"对比实验"在科学探究中的重要意义，有利于培养科学实验素养。 相关信息：对主体内容的知识补充。
	练习与应用	评价本节内容的知识掌握情况和素养发展水平。
北师大版	节名	"细胞呼吸"，直接呈现本节内容的概念主题。
	节引言	为本节学习创设情境和问题，引导学习与思考。
	目名及内容	概括主题内容，指向课标三级概念，展开本节具体内容。
	寻找证据实验	"探究酵母菌的呼吸方式"，通过实验探究获取细胞呼吸相关知识，培养科学探究能力。
	寻找证据阅读	通过资料阅读分析获取细胞呼吸相关信息，从而展开深入学习，有利于发展科学思维。
	实践应用实验	酵母菌细胞呼吸实验的拓展（选做），作为拓展内容，为部分学生提供进一步学习的材料。
	实践应用调查	将所学知识与生活生产实际联系，关注生活中的问题，尝试应用所学知识解决实际问题，培养社会责任。
	拓展栏目	开阔眼界：知识拓展，以及与其他学科知识的交叉应用。 小资料：对主体知识的补充。 思考：针对正文内容提出问题，引发思考。

教材版本	要素	功　　能
	检测评价	本节内容分为三目,每一目之后配有相应的检测评价,评价相关内容的知识掌握情况和素养发展水平。
苏教版	节名	"细胞呼吸——能量的转化和利用",概括本节内容,反映核心概念。
	节引言	为本节学习创设情境和问题,引导学习与思考。
	积极思维	"动物细胞呼吸会产生 CO_2 和释放能量吗?"通过对实验情境资料的分析和思考,引发学习。
	目名及内容	概括主题内容,指向课标三级概念,展开本节具体内容。
	走进实验室	"探究酵母菌的呼吸方式",通过实验获取细胞呼吸相关知识,培养科学探究能力。
	拓展栏目	跨学科视角:不同学科知识之间的交叉应用。 知识链接:对主体知识的补充拓展 安全提示:设置在实验部分,对实验操作过程中可能出现的安全问题做出提示。 参考资料:提供了课外参考资料,满足更高层次学生的需求。 课外阅读:"科学家的榜样作用",学习科学家研究细胞呼吸相关的故事,有利于提高科学素养。
	本节练习	评价本节内容的知识掌握情况和素养发展水平。

从表中可以看出,四版教材均设置了丰富的栏目,尽管各版本教材中栏目的名称不尽相同,但所呈现的功能类似。各栏目对教学过程中核心素养的培育起到了相当重要的作用,如沪科版教材中的"课前活动"栏目以酵母在不同供氧环境下细胞呼吸的实验及对现象的分析,人教版的"问题探讨"栏目对酵母菌在生活生产中的应用进行分析,可以作为情境资源,引发思考和讨论,激发学习兴趣,培养学生的科学思维。北师大版教材中的"寻找证据"栏目提供细胞呼吸相关资料,学生通过阅读、分析、思考,获取信息,培养归纳与概括等科学思维能力,"实践应用"栏目则提供调查农产品的保险措施课题,培养学生关注生活生产实际,提高社会责任感。苏教版的"积极思维"栏目同样承担着情境的作用,通过对实验情境的分析,培养和发展科学思维。因此,教师在教学过程中应充分发挥栏目的教学作用。

二、四版教材关于"细胞呼吸"教学内容编排顺序的比较

表3-20 四版教材关于"细胞呼吸"教学内容编排顺序的比较

沪科版	人教版	北师大版	苏教版
一、ATP是生命活动的直接能源物质 二、有氧呼吸产生大量ATP 三、无氧呼吸产生少量ATP 四、其他有机分子也可被氧化分解	一、细胞呼吸的方式 实验:探究酵母菌细胞呼吸的方式 二、有氧呼吸 三、无氧呼吸 四、细胞呼吸原理的应用	一、细胞呼吸的类型 实验:探究酵母菌的呼吸方式 二、细胞呼吸的过程 1.葡萄糖在胞质溶胶中通过糖酵解释放能量 2.丙酮酸和【H】在线粒体中彻底分解并释放大量能量 三、影响细胞呼吸速率的因素	一、细胞有氧呼吸是大多数生物获取能量的主要途径 二、细胞无氧呼吸也为生命活动提供能量 实验:探究酵母菌的呼吸方式 三、细胞呼吸产生能量的利用

四版教材"细胞呼吸"一节内容基本都包括了有氧呼吸、无氧呼吸、细胞呼吸的概念、探究酵母菌细胞呼吸的实验等核心内容,但在具体的内容呈现和编排上还是有一定的差异。

从正文内容上看,沪科版教材将ATP这部分内容安排在本节的第一目,而在另外三个版本教材中,ATP的学习安排在细胞呼吸这一节内容之前完成。沪科版在学习ATP之后,通过第二目和第三目学习有氧呼吸和无氧呼吸,并且在第四目安排"其他有机分子也可氧化分解供能",这部分内容在其他三个版本教材中没有具体呈现。在沪科版教材中,呈现了糖类、脂肪、蛋白质三大能源物质都可以氧化分解供能,并在文末指出"细胞在不同的生活环境中,都能通过细胞呼吸将储存在有机分子中的能量转化为生命活动可以利用的能量,这体现了生命的适应性"。另外,在沪科版教材正文部分没有"细胞呼吸原理的应用和影响细胞呼吸速率的因素"相关内容。

人教版教材首先通过实验探究了解细胞呼吸的两种方式,然后分别学习有氧呼吸和无氧呼吸,最后探讨细胞呼吸原理的应用,正文中没有"影响细胞呼吸速率的因素"相关内容。

北师大版教材在内容呈现和编排上与其他三个版本有较为明显的区别,该版教材将细胞呼吸一节内容分为三目,第一目学习细胞呼吸的类型,通过实验获取信息,总结

细胞呼吸两种方式,并简单阐明了有氧呼吸和无氧呼吸在进化上的关系,以及微生物的细胞呼吸。第二目对细胞呼吸过程的学习是在对科学史资料的阅读分析、思考讨论获取相关信息之后再开展学习的。同时在内容安排上先学习糖酵解过程,再分别学习在细胞缺氧的条件下在细胞质基质中进行无氧呼吸的过程,以及在有氧条件下丙酮酸进入线粒体继续进行有氧分解的过程,这样的内容编排强调了有氧呼吸和无氧呼吸在过程上的共同点和不同点。第三目学习影响细胞呼吸速率的因素以及细胞呼吸的应用。总体来说,北师大版的细胞呼吸内容相对较多,比较细致,难度也相对较大。

苏教版教材先通过第一目和第二目分别学习有氧呼吸和无氧呼吸内容,再呈现"探究酵母菌呼吸方式的实验",第三目的内容是细胞呼吸能量的利用,并将"影响细胞呼吸速率的因素与影响光合速率的因素"单独安排为本章的最后一节内容。

(二) 案例分析

1. 比较研究法在教育教学中的应用方式

在这个案例中,教师以"细胞呼吸"教学内容为例,对基于新课标的四个版本的普通高中生物学教材在教学内容结构、编排顺序、呈现方式、核心素养目标要求、学习评价等五个方面进行比较分析,为教师的教育教学实践提出了建议。这是一种典型的同类比较方法,即对性质相似的对象进行比较。与之相对的,还有异类比较,即对性质不同的对象进行比较,例如比较小学生和初中生的错题订正方式等。

除了按照比较对象的关系分类,比较研究法还可以按照比较的时间维度进行分类,比如横向比较和纵向比较,这在教育研究实践中也非常常用。横向比较是指在同一时间点上,对不同研究对象进行比较,例如比较班级不同学生完成作业所需的时间。纵向比较是指对同一对象在不同时间点的表现进行比较,例如跟踪某学生一学期内的课堂发言频率等。

不同的比较方式各具特点:横向比较关注的是当下不同对象之间的差异,纵向比较关注的是动态的变化趋势;同质比较关注的是同类中的细节差异和同性特点,异质比较关注的是跨类别的特征差异和关联。因此,教师在运用比较研究法开展学生学习研究时,可以结合具体的研究情境和研究目的,选择适宜的比较方式。

2. 比较研究法在教育教学中的应用步骤

在运用比较研究法时,通常会涉及以下几个环节和步骤:其一,是明确比较目的,确定"为什么比"和"比什么"。正如案例中所介绍的那样,基于《普通高中生物学课程标准(2017版)》要求,各地教材研究编写组编写新版高中生物学教材。而生物学教材是落实立德树人根本任务、培养学生生物学科核心素养的重要载体,可以通过对基于新课标的四个版本的普通高中生物学新教材进行比较,为生物学教学过程中核心素养的渗透和落实提供参考,为使用不同版本教材的教师提出教学建议。这便是该比较研究的核心目的。其二,是选择比较的对象和方式。这个案例中的比较对象是上海科技出版社的高中《生物学(必修1分子与细胞)》,2021年8月第1版(简称"沪科版");人民教育出版社的高中《生物学(必修1分子与细胞)》,2019年6月第1版(简称"人教版");北京师范大学出版社的高中《生物学(必修1分子与细胞)》,2019年8月第1版(简称"北师大版");江苏凤凰教育出版社的高中《生物学(必修1分子与细胞)》,2020年7月第1版(简称"苏教版")这四个版本的教材,采用的是同质比较的形式。其三,是设计比较指标,在这一环节中要将研究中的抽象问题转化成可观察、可测量的具体指标。例如案例中通过对教学内容结构、编排顺序、呈现方式、核心素养目标要求、学习评价等方面进行比较,并在此基础上进行细化。其四,数据收集与分析。在客观而全面的数据处理基础上,先描述差异,再寻找背后的原因或规律。其五,从研究发现中提炼研究结论,进行实践应用。

(三)案例链接

不同投放方式及搭建平面对大班幼儿积木建构影响的比较研究[①]

积木作为一种游戏材料,对幼儿的发展起着重要的作用,也是近年来幼儿进行深

---

① 本案例节选自同济大学幼儿园赵青琰老师的论文,原文以《投放方式及搭建平面对大班幼儿积木建构的影响》为题,发表于《杨浦教育》2025年第2期。本书在选用时征得原作者同意略作了修改。

度学习的重要材料,用以帮助幼儿建立高阶思维和综合知识,完成幼儿在新场景下的知识迁移与应用。当前幼儿园积木游戏开展仍存在诸多问题,如一线教师对积木游戏的开展缺乏统一性和科学性、对幼儿积木游戏指导缺乏专业性等,阻碍了积木游戏在幼儿园中的顺利开展,影响其对幼儿发展的价值。本研究通过比较积木的投放方式及搭建平面对幼儿积木建构的影响,为一线教师更好地开展幼儿园积木游戏提供参考。

一、研究结果

(一) 分类投放比混合投放更有利于幼儿完成具有复杂规则和组合的作品

固定积木形状和数量,按照分类投放和混合投放两种不同的投放方式进行投放,评估两种不同的投放方式对幼儿积木建构行为的影响。分类投放时平均得分为13.95±1.72(均值±标准差,范围12-16),混合投放时平均得分为10.15±2.58(范围4—14),配对t检验P<0.01(t=11.11),结果表明分类投放和混合投放时大班幼儿的基本结构造型等级有显著差异,分类投放时幼儿基本结构造型的得分更高。

分类投放时使用一维对称搭建规则有33人,二维对称搭建规则15人,序列搭建规则20人,模式搭建规则31人。混合投放时使用上述规则分别为38人、14人、17人、10人。结果表明,分类投放和混合投放时大班幼儿对模式规则的使用有明显差别($\chi2=22.06$,P<0.01)。

在混合投放条件下有10人能搭出复杂组合,30人只能搭出简单组合,而在分类投放条件下分别为17人和23人搭出上述组合。在两种投放条件下,分类投放时对于搭建复杂组合的人数比混合投放时的人数多7人,不同投放方式对幼儿搭建作品的形状组合有显著影响($\chi2=12.31$,P=0.00)。分类投放时积木用量为30.88±10.29;显著高于混合投放时的积木用量[22.75±10.26,配对t检验P<0.01(t=8.39)]。

表3-21 分类和混合投放对幼儿积木作品的影响(n=40)

投放方式	搭建规则使用				基本结构造型等级		形状组合		积木用量	
	一维对称	二维对称	序列	模式	均值	范围	复杂	简单	均值	范围
分类	33	15	20	31	13.95±1.72	12—16	17	23	30.88±10.29	10—50
混合	38	14	17	10	10.15±2.58	4—14	10	30	22.75±10.26	4—52

(二) 地面投放比桌面投放更有利于幼儿使用搭建规则并完成复杂组合作品

按照地面搭建和桌面搭建两种不同的搭建平面投放积木,固定积木形状和数量,分析两种不同的搭建平面对幼儿积木建构行为的影响。地面投放时得分为 9.15 ± 3.73,显著高于桌面投放时的得分 5.45 ± 2.68($t=10.65$, $P<0.01$),说明不同的搭建平面对幼儿的基本结构造型得分有显著影响。

地面投放时使用一维对称搭建规则有30人,二维对称搭建规则19人,序列搭建规则14人,模式搭建规则10人。桌面投放时使用上述规则的分别为27人、16人、8人、6人。结果表明,搭建平面不同时幼儿搭建规则的使用无统计学差异,但地面可能有利于幼儿使用搭建规则。

在桌面投放条件下有10人能搭出复杂组合,30人只能搭出简单组合,而在地面投放条件下有19人能搭出复杂组合,21人搭出简单组合,地面投放时搭建复杂组合的人数比桌面投放时多9人,地面搭建有利于幼儿搭建出复杂的组合($\chi2=5.65$, $P=0.017$)。地面投放时积木用量为 17.85 ± 9.45 (5—46)块,而桌面投放时积木用量为 10.22 ± 7.13 (范围3—32)块,地面投放时幼儿积木用量显著多于桌面投放($t=8.38$, $P<0.01$)。

表3-22　不同投放平面对幼儿积木作品的影响(n=40)

搭建平面	搭建规则使用				基本结构造型等级		形状组合		积木用量	
	一维对称	二维对称	序列	模式	均值	范围	复杂	简单	均值	范围
地面	30	19	14	10	9.15 ± 3.73	2—18	19	21	17.85 ± 9.45	5—46
桌面	27	16	8	6	5.45 ± 2.68	2—13	10	30	10.22 ± 7.13	3—32

二、分析与讨论

(一) 给予幼儿明确的建构主题可帮助幼儿搭建更好的作品

积木的不同投放方式会影响幼儿的搭建行为,分类投放能让幼儿更清楚地看见想要的材料。混合投放时,幼儿不能快速找到自己想要的材料,甚至在寻找过程失去耐心或者被转移注意力,失去搭建积木的兴趣,或者随手拿身边最近的积木代替。此外,部分幼儿的搭建思路不够清晰,坐在一堆积木里,看到什么形状的积木就拿来搭建,缺乏对于搭建作品的提前思考,因此,有明确的建构主题可能帮助幼儿更好地搭建作品。

(二) 材料分类可提高幼儿基本结构造型等级

崔希娟在文章中指出材料分类投放能促进大班幼儿使用复杂组合,分类材料投放对幼儿搭建水平更有价值。本次研究同样发现,分类材料更利于幼儿的建构思维,幼儿能清晰地使用搭建规则,如序列、模式等搭建规则。分类投放时幼儿也会更多地搭建复杂组合,比如城堡、铁轨,幼儿在搭建过程中为了与想象中的事物符合而更多地使用积木,并且形状也不尽相同,在混合投放时,幼儿很少会为了让铁轨更像一些而不断寻找半圆形。得益于此,分类投放中幼儿积木用量明显多于混合投放中幼儿的积木用量。总之,分类投放有利于幼儿搭建高水平的作品。

(三) 选择合适的搭建平面可帮助幼儿对复杂搭建规则的运用

搭建平面的不同,意味着幼儿看待自己搭建作品的视角也有所不同,桌面搭建时幼儿大多选择平视,地面搭建时幼儿更多使用俯视。在桌面搭建时因水平空间有限,幼儿会更多地尝试垒高叠高,将复杂的组合竖起来搭,在地面搭建时幼儿可以纵览全局,平铺、围合的搭建规则使用更多,而且地面搭建也有助于幼儿运用一维对称、二维对称、中心对称等更高的对称行为。桌面搭建时幼儿只能看到自己搭的作品的正面,所以背面的积木搭得参差不齐,只会把正面的积木搭好,而且桌面搭建的作品所用的积木用量比较少。在地面搭建时幼儿使用积木的数量明显变多,他们会用更多的积木搭出面积更大的作品。地面搭建更有利于幼儿对复杂搭建规则的使用。

除搭建主题、投放方式、搭建平面外,仍有许多的因素可能影响幼儿的建构水平,如杜斌认为,单色积木材料的投放比彩色积木材料投放更能使幼儿注意力集中于自己的游戏,彩色积木反而会干扰幼儿的注意力;同时,积木和积塑材料不影响幼儿的联系性游戏,但幼儿更喜欢使用积塑材料进行象征性游戏。李倩颖考察了不同积木投放数量和幼儿空间密度对幼儿建构水平的影响,结果发现适当的积木投放数量(300 块)和幼儿空间密度(1.5 m²/人)有利于幼儿搭出更高水平的作品。朱美杰评估了幼儿搭建水平和游戏时长的关系,结果发现,幼儿建构水平最高出现在游戏时长12—18 分钟内,时间较短,幼儿可能未完成作品搭建;时间过长、幼儿间的沟通较多,反而影响了最终的作品水平。本研究结合了上述因素及幼儿园的实际情况,开展了本实验并发现积木分类投放和地面搭建更有利于幼儿对搭建规则的使用,搭建出更高水平的作品,为后续幼儿园开展积木游戏提供了参考。

（四）案例分析

1. 在教育现场开展实践导向的微观比较研究

有的老师对比较研究法存在一定误解，认为比较研究必须涉及跨国的案例，需要查阅大量文献和专业的理论支撑，从而对比较研究法望而却步。但实际上，比较研究法的适用范围是非常广的，除了一些国际比较，还可以是校内、校际的比较，甚至课堂内的比较。在这个案例中，教师对幼儿积木游戏中材料的不同投放方式以及不同的搭建平面进行比较研究，就属于一种微观层面的比较探索，通过对比发现分类投放比混合投放更有利于幼儿完成具有复杂规则和组合的作品、地面投放比桌面投放更有利于幼儿使用搭建规则并完成复杂组合作品，这对于教师日常组织开展积木游戏有非常直接的指导意义。这些相对微观的比较研究无需复杂的数据收集和统计，但却能够直接作用于教育实践的改进。

课堂就是"天然的比较实验室"。一线教师直接接触教学实践，有丰富的课堂教学经验。在日常教学实践中，教师常常会不自觉地比较不同教学方法的效果，观察不同学生群体的反应，这其实就是在比较分析，只是没有系统化为比较研究。因此，一线教师在运用比较研究法开展学生学习研究时，可以选择与自身日常教学高度关联的问题，依托现有的教学场景和工具，便于在教育实践中进行比较和改进。当然，我们也可以智慧借助外部帮助。例如和其他教师组建研究共同体，合作开展比较研究，也可以借助一些信息化工具，降低研究门槛，提升研究效能。比较研究可以帮助教师改进教学、提升专业能力，成为教师突破教学瓶颈、实现专业成长的关键路径。

2. 比较之后得到的启示比发现差异本身更重要

在这个案例的最后，教师基于前文中对于积木材料的分类投放和混合投放的比较发现、桌面搭建和地面搭建的比较发现，从"给予幼儿明确的建构主题可帮助幼儿搭建更好的作品""材料分类可提高幼儿基本结构造型等级""选择合适的搭建平面可帮助幼儿对复杂搭建规则的运用"三个方面梳理了教育启示,为幼儿园积木游戏的实践改进提供了参考。

当教师运用比较研究法时,总能发现各种各样的"差异",正如这个案例中所发现的"分类投放比混合投放更有利于幼儿完成具有复杂规则和组合的作品、地面投放比桌面投放更有利于幼儿使用搭建规则并完成复杂组合作品"。这种差异是客观存在的,呈现的是数据或事实。但是,教育的目的在于"育人",教师运用比较研究法开展学生学习研究时,不是为了证明"谁优谁劣",最重要的是通过差异发现问题,通过启示寻找解决方案。因此,"发现差异"只是教育研究的起点,而"获得启示"才是教育实践的核心价值所在。教师可以在分析差异、梳理启示的过程中,从差异中提炼可迁移的规律、可操作的策略、可升华的理论,有利于指导教育实践改进,而教师自身的反思洞察和专业素养也将随之获得提升。正如顾明远老师在《比较教育》中强调的"比较的目的在于借鉴和创新",教师唯有将差异转化为可操作的启示和建议,才能让比较研究真正服务于学生成长。

(五) 运用比较研究法的注意事项

这里有一些老师们在使用比较研究法时经常会有的困惑和疑问,我们一起来看一下。

Q1:比较研究一定要选择差异非常明显的对象吗?

A1:不是的。教育现象的复杂性决定了"细微差异背后的关键因素"往往更具实践意义。比较研究的重点是"基于明确标准的对比分析",而非差异大小。即使是看似相似的对象,通过控制变量和细致观察,也能挖掘出指导教学改进的关键线索。

Q2:比较研究的样本量是越大越好吗?

A2:不是的。样本量并非"越大越好",关键在于与研究主题与研究目的相匹配。小样本有时也有非常重要而独特的价值,例如一些典型个案比较、极端案例比较等。选择样本的关键是明确样本局限性和适用性,而非追求"大而全"。

Q3:比较研究只需要将两者差异陈述清楚即可?

A3:不是的。缺乏理论的比较研究往往只停留在"描述层面",无法解释"差异为何重要"。理论能赋予比较研究更大的深度和迁移价值。因此,比较研究前可以先匹配理论框架,让差异解读有"理"可依。

Q4:比较研究中发现两组数据没有显著差异,是不是说明比较研究失败了?

A4:不是的,教育研究的价值不仅在于"证实假设",更在于"证伪无效策略"。因此,"无显著差异"本身就是一种重要发现。它有可能可以说明干预措施的无效或工具的信度较低,同样能为教育实践提供反向优化线索。

Q5:比较研究一定要分出对错、评出优劣吗?

A5:不正确。比较研究的核心价值是"解释差异"而非"评判好坏"。教育效果受学生基础、文化背景、教学目标等多因素影响,绝对化的"好坏判断"容易误导实践。应结合具体场景给出建议,避免绝对化的结论,让比较研究的结论真正服务于个性化教学决策。

(六) 比较研究法的未来研究展望

教师在教育教学中运用比较研究法,既可以通过横向比较不同学生的认知风格、学习策略、兴趣偏好等,也可以通过纵向比较同一学生在不同阶段的表现。其本质是通过系统性的对比分析了解学生的学习特征、需求差异及发展规律,并尝试将差异转化为促进每个学生发展的教育资源,有利于实现因材施教。例如,面对学生的个性化学习需求,教师可借助学生数字画像与学习轨迹分析,比较不同群体在认知策略、能力发展轨迹上的差异,为精准教学提供依据,通过纵向追踪学生跨学段的批判性思维发展曲线优化培养重点。

比较研究法能帮助教师突破经验判断,以数据和证据为基础揭示学生的个体差异,通过比较揭示教育现象背后的共性规律与独特价值,以此确定因材施教的起点,将学生的"共性规律"与"个性特征"有机结合,践行并落实"以学生为中心"教育理念,从而实现更高质量的教育公平。

(七) 学习资源

● **《比较教育》**

《比较教育》(第六版)由顾明远、王承绪主编,是我国比较教育领域的经典教材,系统梳理了比较教育的理论与实践。全书聚焦全球化背景下各国教育发展，涵盖比较教育的学科定义、研究方法（如因素分析、问题比较等），并选取美国、英国、德国、日本、俄罗斯、印度等不同发展阶段的国家，深入分析其教育制度、政策变革、课程体系及改革经验，尤其关注教育公平、教育现代化、职业教育等热点问题。该教材既立足学术深度，又注重实践导向，为理解世界教育多样性、借鉴国际经验提供了重要参考，适用于教育研究者、高校师生及教育政策制定者。

三、运用调查研究法开展学生学习研究

调查研究法是社会科学研究中常用的基本研究方法之一，通过问卷、访谈、观察等实证手段，帮助教师跳出主观经验的局限，直接获取学生在学习兴趣、习惯、困难、需求等方面的真实数据，使教学决策建立在科学分析的基础上。教师在日常教育实践中运用调查研究法开展学生学习研究，一方面有利于教师精准把握学生学习现状，为教学提供科学依据；另一方面，运用调查研究法的过程也能提升教师的问题意识和思维能力，不断深化对学生学习规律和学习特点的认知。相关的研究成果也为同行提供了借鉴和参考。

（一）案例链接

三年级小学生注意力现状及影响因素调研报告[①]

优质注意力对儿童学习至关重要，影响学习效率、记忆及思维。本次调研采用多元测评方法，从视觉、听觉、执行控制及精细动作等方面分析学校三年级学生注意力现状及影响因素，旨在全面了解并提出科学建议，促进学生注意力健康发展。

[①] 本案例节选自上海市杨浦区控江二村小学分校洪俊、陆浩琼老师的论文，原文以《三年级小学生注意力现状及影响因素调研报告》为题，发表于《杨浦教育》2025 年第 2 期。本书在选用时征得原作者同意略作了修改。

一、"注意力"概念界定

注意力是指个体在特定时间内,有意识地选择并集中精神于某一特定信息或活动,同时排除其他无关信息或干扰的能力。它是认知过程中的一个关键环节,直接影响感知、记忆、思维和决策等多个方面。注意力不仅影响信息的获取和处理效率,还直接关系到学习、工作乃至日常生活的表现和质量。

二、调研背景

以6岁至12岁学童为对象的研究指出,排除经济和文化上的差异,此年龄层学生的注意力表现对其学业成就有很大的影响,且认为提高这些学生学习能力以及学业表现的最佳方式,就是改善注意力问题。

如今,儿童运用电子设备学习的时间显著增加,与同龄人的社交互动减少,这可能对其注意力发展产生了一定影响。研究表明,近几年儿童在注意力等方面相较于以往有所减弱,学校现有的测评手段并不能发现学生的注意力问题有哪些。而良好的注意力对学龄儿童的学习状态至关重要,早期发现并干预注意力问题有利于孩子的全面发展。

本次调研旨在深入了解我校学生注意力发展现状,为学校制定并提供切实可行的、针对性强的注意力提升建议。我们选取本校三年级学生作为注意力调研和测评的核心人群,同时选取了具有代表性的注意力测验方法——五项注意力测试,测量了学生在多个维度上的注意力水平,对我校全体三年级学生进行了全面评估。通过分析测验数据及班主任评价,揭示学生注意力在不同维度上的表现,为后续教育策略制定奠定基础。

三、调研过程及方法

(一) 调研对象

选择三年级的学生作为调研对象,是因为他们处于注意力发展的关键期,且心理发展特殊,自我意识增强但自控力弱,易于出现注意力分散的问题。三年级学生语言表达和理解能力较强,注意力问题已显现,且处于小学阶段中期,具有代表性。

最终由专业人员携带相关设备到达学校,总共采集了三年级四个班级的学生样本115人(女生50人,男生65人),样本达到100%全覆盖。

（二）调研及测评项目

全体三年级学生在教师和研究人员的指导下参与注意力的综合测评。综合测评区别于单一测评，可以从多个不同维度对儿童的注意力水平进行测量，其测评项目包含了不同的感觉通道以及不同的场景，能更真实、更全面地反映儿童的注意力。本次综合测评采用多种注意力测验工具，包括视觉划消测验、听觉划消测验、远端抄写、近端抄写、抄写并计算。

表3-23 综合测评项目

测量项目	应用场景	项目简要介绍	注意品质
视觉划消测验（Visual Cancellation Test）	游戏	经典注意力测试，在电脑上完成	注意持久、单侧忽略
听觉划消测验（Audio Cancellation Test）	游戏	经典注意力测试，在电脑上完成	注意持久、单侧忽略
远端抄写（Far Transfer Copying Task）	学习	由摄像头记录孩子抬头看黑板的书写过程	注意持久、注意分散
近端抄写（Near Transfer Copying Task）	学习	由摄像头记录孩子看书本的书写过程	注意持久、注意分散
抄写并计算（Copying and Calculation Task）	学习	由摄像头记录孩子完成数学计算的过程	注意持久、注意分散

（三）调研方法

向我校三年级四个班级的班主任发放问卷，收集他们对学生日常注意力的主观评价，问卷设计以学号为序，设置了"非常专注""比较专注""一般""还需努力"四大评价类别，用于班主任对学生注意力情况的评估与统计。

四、调研结果与分析

（一）视觉、听觉注意力

以性别为自变量，注意力测验的错误数为因变量进行多因素方差分析。结果表明性别对视觉和听觉注意力都没有显著的影响，$F(1,434)=1.676$，$p=0.196$，$\eta 2=0.005$。

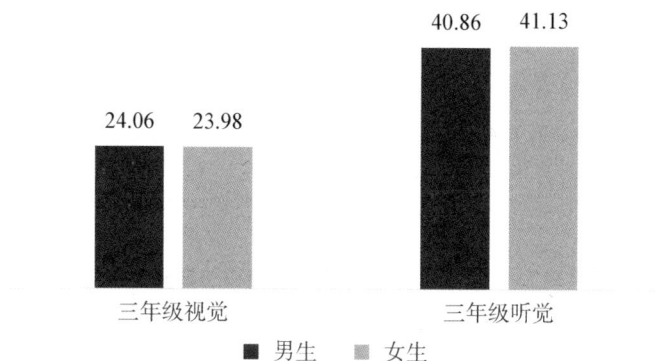

图 3－14　性别对三年级学生注意力的影响

1. 视觉划消测验结果

视觉划消测验中,有效样本数为115人(女生50人,男生65人),平均错误数为24.03,中位数为21.0,标准差为13.16。男生与女生平均错误数没有差异。视觉测评结果与教师评价一致。

表 3－24　不同性别视觉测验错误总数及差异

性别	平均错误数	人数	标准差
男生	24.06	65	13.65
女生	23.98	50	12.64
总计	24.03	115	13.16

视觉测验平均变化趋势如图 3－15 所示,经检验视觉测验平均变化趋势较为稳定,即三年级儿童在五分钟内注意力较为稳定。

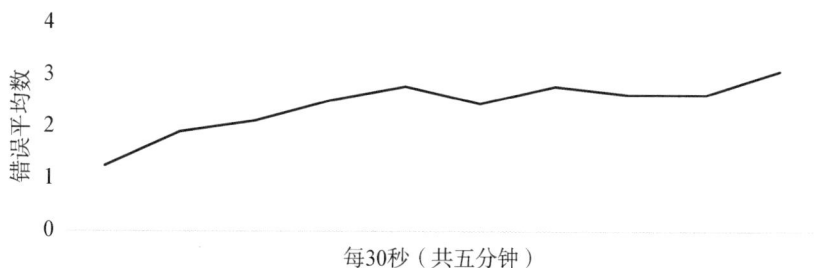

图 3－15　视觉测验平均变化趋势

2. 听觉划消测验结果

听觉划消测验中,有效样本数为111人(男生62人,女生49人),平均错误数为41.34,中位数为35.0,标准差为23.97。男生与女生平均错误数没有差异。听觉测评结果与教师评价一致。

表3-25 不同性别听觉测验错误总数及差异

性别	平均错误数	人数	标准差
男生	40.86	62	24.39
女生	41.82	49	23.55
总计	41.34	111	23.97

(二) 班主任对学生注意力的评价

以性别为自变量,班主任对学生的注意力评价为因变量,进行 t 检验。结果发现班主任对女生的注意力评价显著高于男生,$t(452) = -4.586, p < 0.001$。

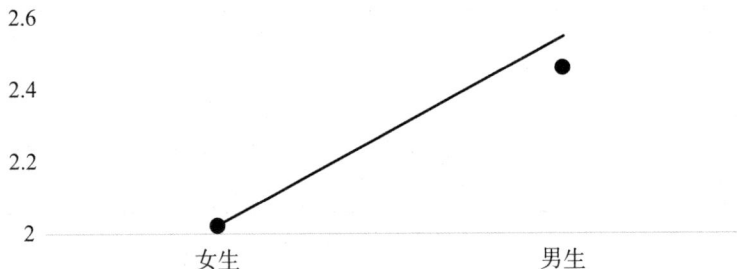

图3-16 性别对班主任注意力评价的影响

注:班主任对学生的注意力评价为:1为优秀,2为良好,3为中等,4为需努力。

(三) 学习活动中的注意力

1. 远端对应抄写测验结果

以性别为自变量,儿童在远端抄写中的注意力为因变量(由其抄写行数和错字漏字的结果进行四级评定,1代表后25%,以此类推),进行非参数检验。结果发现女生在远端抄写中的注意力显著高于男生的注意力,$H(1) = 13.075, p < 0.001$。

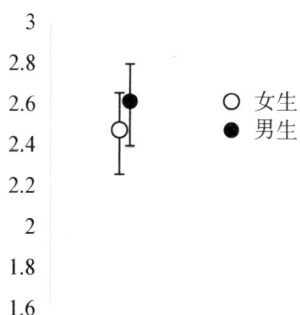

图 3－17　性别对远端注意力评价的影响

远端对应抄写测验中,有效样本数为 115 人(男生 65 人,女生 50 人),平均抄写行数为 7.76,中位数为 8.0,标准差为 1.99。男生与女生所得评价没有差异。远端对应抄写测验结果与教师评价一致。

表 3－26　远端评价 * 性别交叉表

评价等级	男生	女生	总计
优秀	23	11	34
良好	15	16	31
中等	14	16	30
需努力	13	7	20
总计	65	50	115

2. 近端对应抄写测验结果

以性别为自变量,儿童在近端抄写中的注意力为因变量(由其抄写行数和错字漏字的结果进行四级评定,1 代表后 25%,以此类推),进行非参数检验。结果发现女生在近端抄写中的注意力显著高于男生的注意力,$H(1)=10.284$,$p=0.001$。

近端对应抄写测验中,有效样本数为 115 人(男生 65 人,女生 50 人),平均错误数为 10.69,中位数为 11.0,标准差为 1.70。男生与女生所得评价没有差异。近端抄写测验结果与教师评价基本一致。

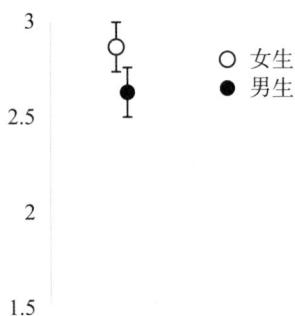

图 3－18　性别对近端注意力评价的影响

表 3－27　近端评价 * 性别交叉表

近端评价	男生	女生	总计
优秀	25	24	49
良好	10	9	19
中等	21	13	34
需努力	9	4	13
总计	65	50	115

3. 计算测验结果

以性别为自变量,儿童在计算并抄写中的注意力为因变量(由其抄写行数和错字漏字的结果进行四级评定,1 代表后 25％,以此类推),进行非参数检验。结果发现女生和男生在计算并抄写中的注意力无显著差异,H(1)＝2.927,p＝0.087。

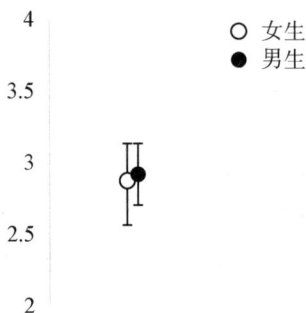

图 3－19　性别对计算并抄写注意力评价的影响

计算测验中,有效样本数为111人(男生62人,女生49人),平均错误数为11.86,中位数为13.0,标准差为1.90。男生与女生所得评价没有差异。计算测验结果与教师评价一致。

表3-28 计算评价 * 性别交叉表

评价等级	男生	女生	总计
优秀	31	26	57
良好	13	7	20
中等	3	5	8
需努力	15	11	26
总计	62	49	111

(四)注意力测验预测班主任对儿童的注意力评价

以视听觉注意力和各项抄写注意力为自变量,班主任对儿童的注意力评价为因变量,建立多元回归模型。结果各项注意力测验显著预测班主任的注意力评价。

表3-29 各项注意力测验预测班主任对儿童的注意力评价

回归方程		整体拟合指数			回归系数	
结果变量	预测变量	R	R^2	F	β	t
班主任对儿童的注意力评价		0.401	0.161	10.609***		
视觉注意力					-0.137	-2.118^*
听觉注意力					-0.131	-2.045^*
远端抄写注意力					0.148	2.104*
近端抄写注意力					-0.142	-2.022^*
计算并抄写注意力					0.270	4.545***

注:$^*\ p<0.05$,$^{***}\ p<0.001$。

(二) 案例分析

1. 充足的调查准备是顺利开展调查研究的前提基础

教师开展调查研究一般会经历以下几个阶段:确定研究问题——制定研究计划——数据收集与统计——结果讨论与分析——实践应用与改进。而这个过程中,最重要的是要做好充足的调查准备工作,这是顺利开展调查研究的重要基石。

在调查研究的准备阶段,**首先,要明确调查的目的,**并根据调查目的确定合适的调查对象。在这个案例中,教师在开展注意力调查之前,先通过查阅已有文献,对"注意力"进行了概念界定,并根据学校实际情况,选择了正处于小学阶段中期的三年级全体学生作为调研对象,该年龄段的学生"自我意识增强但自控力弱,易于出现注意力分散",非常符合调查所需。同时,他们有一定的语言表达和理解能力,也有利于调查的实施。

其次,要设计科学的调查工具。调查研究中常用的工具类型有调查问卷、访谈提纲、观察记录表等。在设计问卷时,要先建构大致的调查维度,并基于调查维度设计细化的、可操作的具体问题。问题设计要简洁明了、逻辑清晰,避免诱导性或歧义性的问题;在设计访谈提纲时,要围绕研究问题展开,具有一定的开放性和灵活性,以便及时进行调整和追问;在设计观察记录表时,要明确观察的内容、指标和记录方式等,并根据研究主题的具体情况进行设计。在正式调查前,可以先进行一轮小规模的预调查,检验调查工具的可行性,以便及时发现问题并修改调整。在这个案例中,教师选取了综合性的测评工具和方法,包含了不同的感觉通道以及不同的场景,从视觉、听觉、执行控制、精细动作等多个维度对学生的注意力进行深入分析,突破了以往注意力测评工具的局限,也更真实、更全面地反映儿童的注意力现实情况。同时,还结合来自班主任视角的学生日常注意力评价,这也使得调查工具更加丰富多元。

2. 调查数据分析与呈现是揭示数据规律的重要支撑

调查研究法最大的特点就在于能够收获大量数据,教师需要根据调查数据的类型和特点,选择合适的数据分析方法。对于定量数据,可以采用统计分析方法,如描述性统计、相关性分析、差异性分析等，以揭示数据的规律和特征。对于定性数据，如访谈记录、观察笔记等，可以采用质性编码分析等方法，提炼出有价值的信息和主题。但是，处理数据只是数据分析的基础，更重要的是发现数据中隐藏的一些模式、趋势和关系，对调查结果进行合理的解释和推断，找出影响调查结果的因素，深入挖掘数据背后的原因和意义。

在呈现调查结果时，要以客观、准确的方式展示数据和分析结论。合适的图片、表格能直观展示规律。例如，在这个案例中教师使用了大量的折线图、柱状图和统计表，以此直观反映性别对不同类型注意力测评的影响。这种可视化的方式不仅便于研究者自己发现规律，也让他人更容易识别和理解，让读者能够准确理解调查的结果和意义。

（三）案例链接

学龄前儿童气质及家庭教养方式与情绪调节策略的关系研究①

一、调查概述

本研究探究 4—6 岁儿童气质和家庭教养方式对情绪调节策略的影响。研究者向上海市三所幼儿园的幼儿家长发放《幼儿情绪调查问卷》《3—7 岁儿童气质问卷》和《父母养育方式问卷》网上问卷，回收有效问卷 112 份。研究假设如下：

假设 1：权威型教养可显著预测积极调节策略的使用；

假设 2：专制型、放任型教养可显著预测消极情绪调节策略的使用；

假设 3：权威型教养方式、反应强度对发泄策略有交互作用；

假设 4：专制型教养方式、反应强度对发泄策略有交互作用。

研究发现，4—6 岁幼儿更多使用积极情绪调节策略，替代活动使用最多。中班儿童比大班更多使用寻求支持。女生比男生更多使用认知重建、自我安慰，较少使用情

---

① 本案例节选自中国福利会幼儿园何家榕老师的论文，原文以《学龄前儿童气质及家庭教养方式与情绪调节策略的关系研究》为题，荣获 2024 年上海市中小学幼儿园调查研究方法成果评选一等奖。本书在选用时征得原作者同意略作了修改。

绪发泄和攻击行为。部分气质维度和教养方式也与情绪调节策略存在显相关,但对于不同气质的幼儿教养方式与情绪调节策略的相关性存在差异。经过回归分析发现,权威型教养方式可显著正向预测积极情绪调节策略,其中温情/卷入和解释/指导影响程度较大。专制型、放任型可显著预测情绪发泄,其中非解释/惩罚和缺乏坚持性影响较大。专制型教养方式和反应强度对情绪发泄有交互作用,专制型教养方式对低反应强度幼儿影响较大。专制型教养方式和情绪本质对攻击行为有交互作用,低情绪本质幼儿更易受到专制型教养的不良影响。

二、讨论与分析

(一)儿童情绪调节策略的发展与差异

本研究了解了4—6岁的情绪调节策略使用情况,发现替代活动策略运用最多,其次是认知重建、问题解决、寻求支持、被动应付、自我安慰、情绪发泄,使用最少的是攻击行为,这也与陆芳、柯知慧的研究结果一致。替代活动是学前幼儿情绪调节的主要方法。替代活动是指将注意力从消极情境中转移出来,投入到积极情境中去。根据皮亚杰的观点,学前儿童主要处在前运算思维阶段,观点采择能力较差,自我中心的特点使幼儿很多情况下从自身出发,再加上语言表达能力有限,转移注意力是一种比较容易实现且见效快的情绪调节方法。从年龄差异上看,中班孩子的寻求支持策略使用显著多于大班孩子。由于大班的孩子在社会性上有了一定的发展,已经习得一些自己解决问题的办法,所以向成年人寻求支持的次数逐渐减少。

从性别差异上看,女生比男生更多使用认知重建、自我安慰策略,更少采用情绪发泄和攻击行为。原因之一可能是由于移情能力的性别差异。翟晓婷对3—6岁儿童移情能力进行研究,发现女孩情绪移情正确率显著高于男孩。第二个原因可能是受到性别社会化的影响。女孩一直被教导要懂事、乖巧,而成人对于女孩所表现出的负面情绪会表现出更多的指责,所以女孩在面对消极情境的时候更多采取内部消化的策略,而很少做出过激反应。

(二)儿童气质、家庭教养方式与情绪调节策略的相关性

在气质维度上,反应强度高的儿童越少使用认知重建、替代活动,更多使用情绪发泄、攻击行为。反应强度高的儿童在面对一个消极刺激的时候,往往会视其为一个强刺激,而表现出更大行为变化。这也验证了前人提出的高表现度幼儿倾向表现真实情

绪且难以抑制。

趋避性越高的幼儿越多使用认知重建、问题解决等积极策略。这一原因是趋避性高的幼儿更愿意与别人交往，而在交往的过程中，幼儿的移情水平和解决问题能力得到提升，能够发展出一些解决问题的方法，因此在面对消极和冲突情境时，这类幼儿会采取更加主动和积极的方法去解决。

适应度越高的幼儿越多使用认知重建、替代活动。由于适应度高的幼儿很容易适应新事物，对新事物的包容性很强，因此在面对消极情境的时候，这类幼儿更多采取内部应对的方式。

家庭教养方式上，在权威家庭环境下长大的幼儿更多使用认知重建、问题解决等策略。父母的情感支持高的幼儿更多使用寻求支持、替代活动等积极策略。这也与前人研究基本一致。在面临消极情境时，权威型父母不仅会接纳孩子的感受，而且会和孩子共同商讨解决办法，给孩子自主解决问题的空间，孩子的问题解决、移情能力得到一定发展。而接纳孩子的情感也让儿童形成良好的依恋关系，从而愿意向亲近的人寻求帮助。

言语敌意、身体惩罚、非解释/惩罚、缺乏坚持性和情绪发泄正相关。这也可以用"三过程模型"解释。幼儿通过观察学习，在父母对幼儿的不良行为表现出过多的言语和身体上的惩罚时，幼儿由于自身能力有限，不能习得解决问题的方法，而在言语表达和力量上又处于弱势，因此采取情绪发泄的方式。

然而，对于不同气质的幼儿，教养方式与情绪调节策略的相关性存在差异。对于难养型幼儿，专制型教养中的命令与认知重建、问题解决、寻求支持等积极调节策略显著正相关。可能的原因是难养型幼儿由于自身气质原因，再加上社会认知和语言表达能力有限，因此需要父母的帮助。

对中间近难养型儿童而言，自我安慰与容易相处呈现显著负相关，攻击行为与民主参与呈现正相关。这也表明民主性的参与方式可能对不同气质的幼儿作用不同。对于本身气质难养的幼儿来说，如果父母给予充分的自主性，让其自己想办法解决，儿童可能无法发展出较好的情绪调节能力，因此情绪调节的挫折感增强，从而表现出一些消极调节行为。

(三) 儿童气质与家庭教养方式对情绪调节策略的影响

通过回归分析,发现权威型可正向显著预测认知重建、问题解决、寻求支持和替代活动等积极调节策略的使用。这与前人的研究保持一致,表明权威型教养方式的确是幼儿情绪调节能力的积极影响因素。进一步分析,发现温情/卷入可显著正向预测认知重建、替代活动,而解释/指导可显著正向预测问题解决、寻求支持。

专制型中的言语敌意、非解释/惩罚可显著正向预测儿童的情绪发泄,且非解释/惩罚影响更大。专制型父母面对孩子表现出的不良行为给予消极反应,并且给予惩罚时不会给予孩子合理的解释。孩子的内心压抑,从而采取更多的情绪发泄策略。而缺乏坚持性和忽视不当行为可显著正向预测儿童的情绪发泄,且缺乏坚持性影响更大。这是由于在放任型家庭长大的孩子表现出消极反应时,父母也不会采取行动,要么放任孩子的不良行为,要么无法坚持自己的教养,因此孩子自控力较差,在消极情境中表现出更多情绪发泄的行为。

数据分析中否定了假设3即权威型教养方式和反应强度对发泄策略没有交互作用。这可能是由于被试的选取。由于4—6岁幼儿使用发泄本来就偏少,前人研究也发现,3岁和4岁幼儿使用发泄策略存在显著性差异,4岁以后发泄策略明显减少,而假设3是依据了以3岁幼儿为被试的研究,因此可能由于被试差异导致假设不成立。还有可能是由于权威型教养方式不仅包含了高温暖,还包含了高控制,因此仅根据高温暖这一维度提出假设3不够准确,因此假设不成立。

通过数据分析,发现反应强度和专制型对情绪发泄有交互作用。对于低反应强度的幼儿,专制型的教养方式消极影响更大,会导致儿童更多使用情绪发泄的消极策略,而对于高反应强度的幼儿,低专制型和高专制型的教养方式对于幼儿的情绪发泄调节策略使用的影响没有显著差异。这也表明,对于低反应强度的幼儿来说,教养方式对情绪发泄的影响大于气质本身对于情绪发泄的影响,而对于高反应强度幼儿来说,气质的影响大于教养方式的影响。

本研究也发现,专制型教养方式和情绪本质对攻击行为有交互作用,低情绪本质幼儿易受专制型教养方式的不良影响,而高情绪本质气质会是幼儿的保护性因素,减少不良教养方式的不良影响。这与“易感性假说”相符合。

三、建议与对策

(一) 建立权威型教养方式,接纳情感,支持指导

本研究表明,权威型的教养方式可显著预测幼儿良好的情绪调节策略的使用,例如认知重建、问题解决、寻求支持和替代活动。权威型父母既给予孩子情感上的支持,也能对孩子有一定的要求和控制,这对于学龄前的儿童是十分重要的。幼儿因为自控力较差、社会认知不足,需要成人的引导和帮助。研究表明,解释/指导和温情/卷入是积极情绪调节策略的显著预测因素。因此父母在教养儿童的时候,不仅要接纳幼儿的情感,还需要对幼儿进行一定的指导,并且对孩子的要求也需要从孩子的角度出发,能够给孩子合理的解释。

(二) 关注不良教养方式对易感儿童的不良影响

本研究表明,在专制型教养方式下,低反应强度、低情绪本质的幼儿更易受到影响,并表现出更多的情绪发泄、攻击行为。因此,对于一些容易表现出消极情绪的幼儿,教师更要关注幼儿的家庭教育情况,特别是长辈的教养方式,并给予一些引导和帮助,对于一些平时反应强度较低,但是在特定情景下出现比较大的情绪波动,出现大哭大闹、攻击行为的,教师也要将家庭因素考虑其中,是否是家庭的教养方式对幼儿的情绪调节产生了较大的影响,指导家长多关注幼儿的情绪发展。

(四) 案例分析

1. 基于调研数据做好溯因推理

教师运用调查研究法开展学生学习研究的目的不仅仅是要发现学生学习过程中的各种现象和问题,更要尝试探究问题产生的根源,以揭示潜在的教育规律,改进教育教学质量,促进学生的学习与发展。上面这个案例中,教师选取上海三所幼儿园的大班、中班两个年级共 112 名幼儿作为研究对象,综合运用《幼儿情绪调节调查问卷》《3—7 岁儿童气质问卷》《父母养育方式问卷》三个问卷,收集数据并运用 SPSS21.0 进行描述性统计、相关分析、独立样本 T 检验、方差分析、回归分析等,发现不同年龄、性别幼儿在情绪调节方面的差异,尝试探讨幼儿气质和家庭教养方式对幼儿情绪调节能

力的影响。

在数据统计分析的基础上，教师进一步从现象和数据出发，基于调研数据进行溯因推理。例如：针对中班幼儿"寻求支持"多于大班的现象，教师结合社会性发展理论，推测"大班幼儿已习得更多自主解决问题的方法"，从数据差异追溯到"社会认知能力发展"这一原因。针对女生"认知重建""自我安慰"策略使用比男生更高的这一现象，教师尝试从"移情能力性别差异"和"性别社会化影响"两个角度进行溯因推理，进行性别差异的归因。

溯因推理，就是要追溯现象和数据背后可能的原因，深入挖掘背后隐藏的因果关系，准确找出教育问题的根源，这可以帮助教师更全面、深入地理解教育现象，为教育决策提供更具针对性和有效性的依据，从而更好地满足学生的学习需求，提高教育教学的质量。在进行调研分析时，对于一些关键现象和异常数据我们要重点关注，可以尝试运用成熟的教育理论搭建解释框架，正如本案例中运用皮亚杰的认知发展阶段理论对数据进行解释。此外，教育具有复杂性，许多现象实际会受到多重影响因素的共同影响，因此，在进行溯因推理时，不能简单地将原因和结果进行匹配，而要从多重视角、多层因果进行归因和分析，在数据驱动和实践反推的双重观照下，梳理研究发现。

2. 关注调查结果的实践应用

开展调查研究时，通常会撰写调查研究报告作为主要成果。一份完整的调查研究报告通常包括调查背景、调查设计、调查结果、讨论与分析、结论与建议等部分。在调查报告中要准确、清晰地呈现调查的过程和结果，更要根据调查结果和教育教学实际，提出具有针对性和可操作性的建议与措施。

合理的建议不仅能解决当前研究中的问题，还可能引发读者对相关问题的进一步思考，为后续研究提供方向和思路。在这个案例中，教师专门撰写了"建议与对策"，这部分是对整个调查研究的总结性陈述，是基于研究结果进行的综合分析和判断，它将研究过程中获得的主要发现进行概括和提炼，使读者能够清晰地了解研究的核心成果。诸如"建立权威型教养方式，接纳情感，支持指导""关注不良教养方式对易感儿童的不良影响"等建议，有利于引起家长和教师对幼儿情绪调节策略的关注。这些建议不仅回答了"是什么"和"为什么",更解决了"怎么做"的关键问题,能够将调查发现转化为具体的教养实践行为,实现了调查研究对教育实践的指导作用。

由此可见,撰写调查报告并不是调查研究的终点,调查研究的最终目的是解决实际问题、推动实践发展。因此,调查研究的建议要具体、明确,提供切实可行的解决办法,有助于推动相关问题的解决,也能够为教育教学实践提供有益的指导。我们还可以将研究结果在一定范围内进行讨论和交流,听取同行、专家的意见和建议,不断完善研究成果。

(五) 运用调查研究法的注意事项

这里有一些老师们在运用调查研究法时经常会有的困惑和疑问,我们一起来看一下。

Q1:调查研究就是发问卷吗?

A1:不是。问卷法是调查研究中常用的一种方法,但不是唯一的方法。调查研究还包括访谈法、观察法等多种方式。问卷法适合大规模地收集数据,能较为高效地获取大量样本的信息。访谈法可以与研究对象进行深入交流,获取更丰富、详细的信息。观察法能直接观察研究对象的行为表现,获取第一手资料,对于了解实际情境中的现象很有帮助。教师应根据研究目的以及实际情况选择合适的调查方法,也可以综合运用多种方法以便更全面、准确地了解研究对象。

Q2:设计问卷时,问题越多越好吗?

A2:不是的,虽然丰富的问题可能会获取更多信息,但问题过多会导致被调查者的负面情绪,从而降低问卷的回收率和回答质量。因此,问卷应围绕研究目的和关键问题展开,简洁明了、表述清晰。问卷长度应控制在合理范围内,使被调查者能够在较短时间内完成,这样更有利于获得高质量的调查数据。

Q3:访谈时,应该完全按照事先准备的提纲进行吗?

A3:不是的,提纲作为访谈的基本框架,能确保访谈围绕研究主题进行,但在实际访谈过程中,如果被访谈者提出了一些提纲之外但与研究问题相关且有价值的内容,访谈者应及时进行追问,深入挖掘相关信息。因此,访谈不必完全拘泥于事先准备的提纲,而应根据被访谈者的回答和现场氛围灵活调整。

Q4:数据分析时,只有得出显著的统计结果才有价值吗?

A4:不是的,虽然显著的统计结果能更明显地揭示变量之间的关系或差异,但不显著的结果同样具有意义。不显著的结果可能说明研究假设不成立,这也是一种重要的研究发现,它可以帮助教师排除一些错误的假设和观点,为后续研究提供参考。此外,即使统计结果不显著,数据中也可能蕴含着其他有价值的信息,比如数据的分布特征、趋势变化等,对这些信息的分析和挖掘,也能为教育教学实践提供启示。而且,在教育研究中,很多时候不能仅仅依靠统计数据来评判研究的价值,还需要结合定性分析以及教育教学的实际情况进行综合判断。

Q5:调查研究的结果与预期不符怎么办?

A5:当调查研究的结果与预期不符时,首先不要急于否定研究结果,可以先对研究过程进行反思和检查,看看在研究设计、数据收集、数据分析等环节是否存在问题。如果排除了研究过程中的错误,那么要认真分析结果与预期不符的原因,进一步反思研究对象的特点和背景,从实际出发去解释研究结果,或者进一步开展相关研究,以更好地理解和解决研究问题。

(六) 调查研究法的未来研究展望

在调查研究中,除了问卷调查获得的大量量化数据,有时还会有访谈实录、观察报告等质性数据。这些质性资料和数据有利于我们更加深入地理解研究对象,同样具有宝贵的研究价值。通过访谈,我们能直接倾听研究对象的想法、感受和经历,了解他们行为背后的原因和动机。观察则可以直观地记录研究对象在自然情境下的行为表现,捕捉到一些难以通过言语表达的信息,从而更全面、深入地理解研究对象。

质性数据能够弥补量化分析的一些局限,能够呈现出研究现象的丰富细节和复杂特征,有利于捕捉"数据背后的故事"。通过持续比较、编码分析,教师可以从基层经验中提炼理论,实现从实践到理论的归纳。收集和分析质性数据的过程,体现了对于研究对象主体性的尊重与关照,让学生、家长等研究对象直观地表达自己的感受和需求。有时还会出现一些意想不到的信息和现象,这些可能会引发新的研究问题或主题,为进一步的研究提供方向和灵感。

因此,我们在开展调查研究时,要加强对质性研究数据的关注,质性数据可以为量化研究结果提供补充和解释,使研究结论更具说服力。通过质性分析和量化分析相结合的方式,增强研究的可信度和有效性。更重要的是,在学生学习研究中,质性分析能够有效捕捉儿童的情绪体验、探寻家长的教养逻辑、梳理教师的实践智慧,能为教育实践干预和改善提供更有温度、更有深度的解决方案。

(七) 学习资源

● 《调查问卷的设计与评估》

本书由美国著名调查研究方法专家弗洛德·J·福勒撰写,蒋逸民翻译,于2010年由重庆大学出版社出版发行。书中系统阐述问卷设计核心要点,从基础规范入手,深入讲解问题措辞、选项设置、逻辑结构等设计技巧,还教读者如何科学评估问卷质量,确保调查数据真实有效。通过大量实例,将复杂理论转化为清晰易懂的操作方法,无论是初涉研究的新手,还是经验丰富的教师,都能从中学会设计出专业且高效的调查问卷,为教育研究奠定坚实基础。

四、运用课例研究法开展学生学习研究

教师的教育实践中存在着各种各样的问题,如学生学习动力不足、学习效果不佳、教学方法不适应学生需求等等。课例研究作为一种以课堂教学为载体、以教师为研究主体的研究方法,旨在改进教学实践、促进教师专业发展。它通常围绕一个具体的教学问题,通过教学设计、课堂观察、反思研讨等环节,对教学过程进行深入分析和研究,以寻求有效的教学策略和方法。随着教育改革的不断深化推进,运用课例研究法开展学生学习研究的对象范围和方式方法也在不断更新变化。

（一）案例链接

优化环节设计促进大班科学探索活动中的有效合作[①]

我们在一园四部三个大班教研组中同时进行"神奇照相馆"的实践,经历了三次比较集中的研讨过程,主要问题指向如下:如何结合幼儿已有生活经验,通过学习活动,使其对"近大远小"的科学现象有更深入的了解,并进行适当探索? 如何更好地引发幼儿的合作行为,让合作真正得以有效落实?

一、设计与实践

"神奇照相馆"不断完善,寻找真问题及其解决路径共经历了下图所示的三次实践过程。

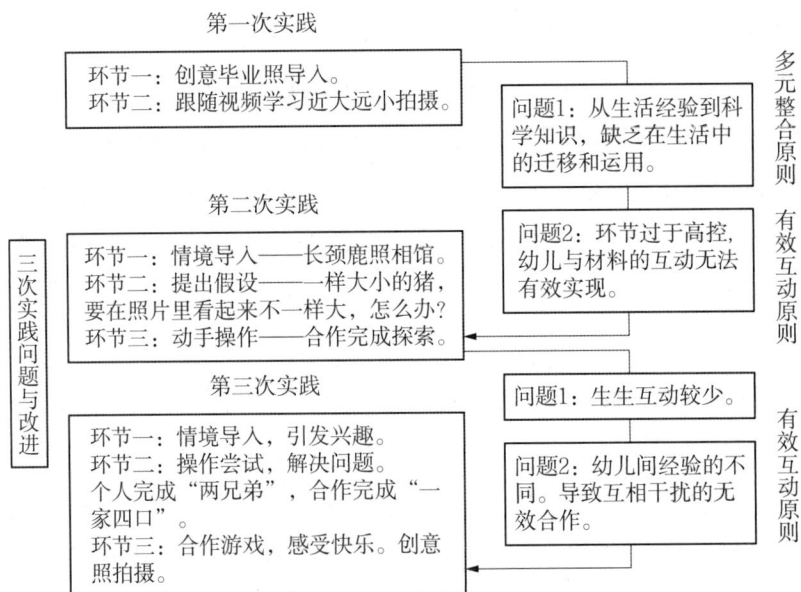

图 3-20　三次实践中发现的问题与改进

---

① 本案例节选自由上海市杨浦区本溪路幼儿园课程领导力项目组撰写的论文《自主合作,是真的吗? ——大班"自主活动课堂"中"有效互动"原则实施的课例研究》,原载于《课程领导力视域下的课例研究》一书,由上海教育出版社出版。本书在选用时征得原作者同意略作了修改。

（一）第一轮实践

1. 设计与实践

毕业季中精彩的毕业照拍摄引发了幼儿对摄影的兴趣，幼儿已经有了一些"近大远小"的生活经验，发现幼儿兴趣点后，教师从"我要上小学"班本化主题实施方案中的二级主题"毕业时刻"出发，从生活经历聚焦到科学现象，结合"近大远小"的科学概念设计了一节原创活动。从创意毕业照导入，通过跟随视频的操作，让幼儿学会"近大远小"的拍摄方法。

2. 实践后的问题

在实践后，我们尝试与幼儿进行最直接的对话："喜欢刚才的课吗？"

萱萱："喜欢，但有些没劲。"

豪豪："我还想再多试几次，或许就能成功了！"

实践后我们发现，教师在活动中高控的环节设计以及经验到经验的传递，让幼儿无法亲身体验和直观感受。教师一步步缜密的科学引导，却导致了幼儿口中的"乏味"的体验，就连教师自己也认为课堂索然无趣，无法让幼儿在生活中进一步迁移运用。

（二）第二轮实践

1. 设计与实践

第一次实践后，执教的青年教师在教研前的"研前小会"中主动与其他青年教师聊起了这样一个话题："我的环节设计总是这么高控，孩子玩得不开心，我应该如何激发他们主动探索的兴趣？"

在轻松的氛围里，青年教师也不再拘束，畅所欲言，将自己的经历分享给执教教师，大家共同就这节活动课围绕"自主活动课堂"的四大要素展开激烈的讨论。

他们认为：科学概念应当是幼儿自己去发现的，教师要做的是创设材料和情境支持幼儿的探索；科学活动过程中的探究是让幼儿有动脑的过程，并不是简单的实验操作；幼儿积极参与科学活动，是为了学会技能和方法，能够解决实际生活中的问题；教师要在组织科学活动的过程中重视幼儿在观察中的思考、对结果的猜测和质疑，使幼儿能够在小组中讨论问题、提出问题和解决问题。

带着研讨的收获，执教教师在教研组长的带领下开展了"一课三研"的自主活动课堂课例研究。这一次，教师改变策略，采用了"情境导入、提出假设、动手操作"三部曲的教学模式。与第一轮实践中直接出示视频不同,在第二轮实践中,教师创设了小猪一家拍照的故事情境,向幼儿抛出问题:"一样大小的小猪,要在照片里看起来不一样大,怎么办?"并让幼儿带着问题去尝试探索。教师直接将最终的状态和结果呈现给幼儿,而如何做到就需要幼儿去自主探索和发现。从结果到推理,是幼儿逆向思维的转化,激发了幼儿新的潜能和兴趣。

2. 实践后的问题

在"一课三研"的过程中,教研组的教师做着细致的课堂观察,在之后的课例教研活动中,他们也有话要说。

杨杨:"幼儿在与教具互动的过程中体验到了很多探索的快乐,但其中生生互动较少导致合作出现问题。这是不是和合作的幼儿人数有关?"

橙橙:"在活动中,幼儿非常享受与材料和同伴互动的乐趣,但是稍不严谨的教具或缺少变量的控制,可能就会导致探索活动的失败。"

佳佳:"几人一起操作教具,也会让幼儿起初正确的操作结果被他人推翻,混淆正确的感知。"

(三) 第三轮实践

1. 设计与实践

教研组一致认为这是一节值得深入研讨的自主活动课堂课例,推选其参与优质课例展示。在大教研活动中,结合学校层面的课程文本——课程实施方案中的自主课堂实施原则,针对"有效互动—如何提升幼儿合作的有效性"进行研讨。成熟教师认为,在目标制定和教具制作上,需更多考虑幼儿的年龄特点,不仅是注重知识技能的获得,也希望他们在游戏中学会合作,通过同伴间的影响,实现经验互补。第三次教学实践,执教教师在环节设计上更加聚焦"如何使幼儿的合作更为真实有效"。

第一个环节,使用相同大小的小猪,幼儿在轨道上通过调整与相机镜头的距离,改变视觉上的大小,从而唤醒他们的已有经验,进一步理解"近大远小"的现象。利用游戏场景和教具的暗示,鼓励幼儿在与学具的互动操作中,感知物体大小与距离镜头远近的关系,为后续活动积累经验。

第二个环节,增加大小不同的小猪,旨在帮助幼儿巩固物体大小及其与镜头远近的关系。其中"双胞胎兄弟"的站位,会给他们造成迷惑,引发更多的思考和讨论。

操作后,教师没有直接给出结果,而是让幼儿相互交流自己的发现,促进生生互动,产生思维碰撞。初步感知物体大小与距离镜头远近的关系后,让幼儿自主操作探索,通过实际操作,验证猜测,解决问题。如有幼儿在操作中遇到困难可个别指导。

第三个环节是对前两个环节的总结和提升。结合创意照的方式,增加了学习科学的趣味性,激发幼儿对科学探究的兴趣和能力,帮助幼儿将前面环节学习到的原理和方法运用到实际中解决问题。幼儿自主操作手机,三人合作,根据照片提示拍摄出创意照。此过程需要幼儿能够分工合作,摄像师、道具师、模特必须共同配合才能完成任务,组内三人可以互换角色,共同商讨拍摄作品的数量、内容和形式,并在操作中不断学习和调整合作的方法。当他们获得成功体验,产生各种愉悦情绪时,该教学实践便能有效地激发幼儿的合作意识和积极性。

2. 实践后的效果

在这一次的课堂实践中,观课教师帮助执教教师收集了一些课堂数据,如三个环节中生生互动、合作的有效次数与幼儿探索的成功率等,数据相较前两次实践有了较大的提升。

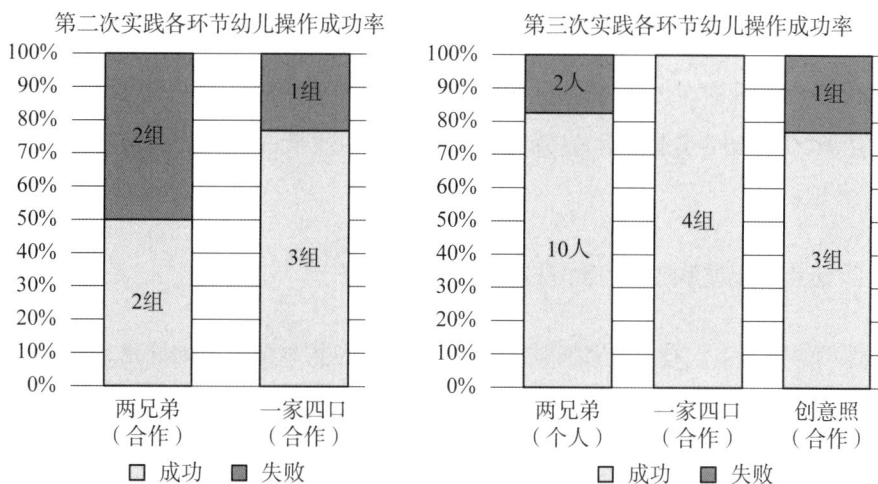

图 3‐21 第二、三次实践各环节幼儿操作成功率对比

（二）案例分析

1. 聚焦教学关键问题开展"有主题"的课例研究

这是一个经典的、以学科教学内容为载体的课时课例研究。在本案例中,教师从幼儿对于创意毕业照的兴趣点出发,重点关注幼儿在科学探索活动中的有效合作,创设多种途径和环境,激发幼儿的新奇性和惊奇感,鼓励幼儿自主探索和有效合作。因此,如何在科学探索活动促进幼儿的真实合作就是《神奇照相馆》这节学习活动想要破解的关键问题。

课例研究作为一种有主题、有目标、有方法的研究方式,通常是以问题来驱动研究的,会有一个明确的研究主题。例如,这个案例的研究主题就是如何提升幼儿科学探索活动中的真实合作。课例研究本身与教学是融为一体的,研究过程与教师的教学过程是相伴相生的。因此,在运用课例研究法开展学生学习研究时,我们要选择具有代表性、典型性且能反映教学中普遍问题或具有研究价值的问题。在备课、观课、议课的过程中,教师也要真正深入到教学实践中,以解决问题为核心,注重研究的实际效果和对教学的改进作用。因为课例研究所追求的是切实解决学生在学习过程中面临的问题,引导教师在开展课例研究的过程中加强对教学的认识和反思、不断深化对学生学习的认识、建构教学实践经验,从而提升教育教学的质量,而不仅仅是形成一节精品课、示范课。

2. 运用课堂观察技术开展"有方法"的课例研究

课例研究侧重于对一个完整课例的深入研究,包括教学目标的确定、教学内容的组织、教学方法的选择、教学过程的实施以及教学效果的评价等各个方面,旨在通过对课例的分析与反思,探索有效的教学策略和方法,以提高教学质量。

在这个案例中,教师在课例研究中通过现场观察、师生访谈等多种方式,多角度收集课堂实践的丰富数据。例如:在研究后访谈了解幼儿的兴趣特点,关注幼儿对于活动的学习效果和接受程度;和教师进行沟通交流,了解教师在教学设计、教学实施过程中的思考、遇到的问题以及解决方法等，促进教师之间的交流和反思；在实践研究中，记录课堂环节中生生互动的次数、有效合作的次数与幼儿探索的成功率等数据。基于以上这些课例研究的过程性数据和结果性数据驱动教学实践改进，也能由此明显看出几轮教学的前后变化。

在课例研究中经常会使用课堂观察技术，我们需要根据研究目的确定观察维度、制定观察量表，便于观察的教师进行量化记录。如有多位教师同时观察时，可以提前进行培训研讨，使观察的教师明确数据收集的目的、方法和标准，掌握观察、记录、编码等技能，确保收集数据的一致性和准确性。可以观察的内容也是非常丰富的，如教师的提问、学生的回答、学生的发言次数、任务完成情况等。必要时，也可以利用摄像机对课堂教学过程进行全程录像，以便课后反复观看和分析，捕捉课堂上的细节和瞬间。通过综合运用定性和定量的方法对课堂观察的各项数据进行分析，以客观、准确地了解教学过程和学生的学习效果，为教学改进提供依据。

（三）案例链接

任务型教学，让英语课堂真实而灵动①

英语作为一门交际性语言，教学必须注重学生在课堂中的实践与体验，从而使英语为真实生活服务。学校制定了校本的英语学科课程方案，又针对每个单元制订了教学计划，做了整体的教学设计，强调英语课程要从学生的学习兴趣、生活经验和认知水平出发，倡导体验、实践、参与的学习方式，尤其强调了任务型教学法的重要作用。所谓任务型教学法，就是创设真实的任务组织教学，在任务的履行过程中，以体验、互动、合作等学习方式，在实践中感知、认识、应用目的语。任务型教学法为解决当前的教学问题提供了方法和经验，让我们的英语课堂教学变得趣味而真实，变得灵动而丰富。

---

① 本案例节选自由上海市杨浦区打虎山路第一小学汪丽清撰写的论文《任务型教学，让英语课堂真实而灵动》，原载于《课程领导力视域下的课例研究》一书，由上海教育出版社出版。本书在选用时征得原作者同意略作了修改。

一、设计与实践

在实际教学中,我们是如何将学校的学科课程方案贯彻到日常课堂教学中的呢?下面以牛津上海版三年级第一学期 M4U1 Insect 为例,阐述我们的教学设计与实践体验。

（一）任务内容设计

经过仔细地研读本单元的学习内容,认真地分析学生的知识水平,我们以任务型的方式对本单元的教学做了如下设计。

1. 基于学情分析的课时话题设计

本单元的主题是 Insects,核心词汇为昆虫类单词:butterfly, ant, bee, ladybird。此外,核心句型为 What is it? It is ...,学生在日常生活中对这四种昆虫的外形和特性已有一定的了解,他们乐于谈论,也非常熟悉这一类话题。基于教学内容和主题 Insects,我们将本单元三个课时的话题分别设定为 Insects I see, Insects I know 和 Insects I like。

2. 基于话题内容的课时任务设计

基于三个课时的话题,第一课时所创设的任务是描述在公园中所看到昆虫的样子,第二课时是描述在博物馆中所观察和学习到的昆虫的知识,第三课时是完成 Make Insect Cards 的任务。这些任务都是为完成科技周三年级的活动而设计的,其最终目的是完成科技周的大任务,即介绍自己喜爱的昆虫,整个单元形成一个任务链。

（二）任务实施改进

基于上述分课时的任务目标,我们对各课时的教学过程进行了精心设计。如在第二课时中,教学任务是让学生用所学的语言进一步丰富描述昆虫的内容,从而对昆虫有深入的了解。下面是一个可用来具体说明的教学片段。

1. 课堂情境描述

课堂上,将描述昆虫的句型结构在 PPT 上进行了呈现,然后让学生和同桌一起根据语言架构描述昆虫。在反馈环节,教师请个别学生进行课堂反馈,

M4U1 Period2 课时教案文本(节选1)

Task 2. Go to the ladybird house.

...

2 - 3 Look and say.

Look at the ... ladybird. It has a round body.

It has ... dots on the body. How ...

然后让同伴进行评价。

2. 教学反思和改进

经过第一次试教后,发现从语言结构方面来说没有问题,但是从任务型教学的方式来说,就出现了两个问题。

首先,情境的创设还不像"任务"。任务型教学法非常强调以真实的任务组织教学。而我们虽然让学生去完成一个任务,但是没有给学生一个尽可能真实的语言环境。其次,任务型教学提倡学生合作学习、互动体验,但是在此次任务中学生没有合作和互动,任务型教学的方式还停留于表面。

基于上述两个问题,我们对 task2 的教学任务做了以下改进。

我们模仿博物馆的小护照,设计了课堂上的"小护照",同样设计一个可供敲章的地方,同时将描述昆虫的语言内容结构打印在"小护照"上,然后发给每个同学一个小图章。在实施任务时,让学生和同桌进行互相描述,当其中一位学生描述完一种昆虫后,同伴在护照上敲一个章。这不仅跟学生去博物馆时的情境不谋而合,还自然地形成了学生互动交流和相互评价的平台。当学生最终看着自己敲满章的"小护照"时,他们的内心充满了自豪感和兴奋感;当学生与伙伴们分享交流自己的所见所闻时,也增加了孩子们的体验和感悟。

二、反思与总结

本单元教学充分利用了任务型教学方法,课堂氛围因互动交流而变得积极,因合作和体验而变得灵动,它具有以下几个特点。

(一) 任务设计具有真实性

本单元的三个任务是根据学生的心理年龄特征设计的,学生去公园观察昆虫,去博物馆深入了解昆虫,最后制作 Insect Cards 来描述自己喜爱的昆虫,这些都与学生的日常生活息息相关。这样的任务不仅能让学生亲近自然,还能让学生全身心地投入,享受完成任务的过程。

(二) 语用设计具有功能性

本单元的语用设计充分考虑了语言的功能性,将语言与任务紧密地结合起来,使学生真正运用语言来做事情。

表 3 - 30　任务情境与语言结构分解表

任务呈现	语言结构
Insects I see:描述去公园游玩时观察到的昆虫形象	I can see a/an ... It is ... How ...
Insects I know:描述去博物馆参观时了解到的昆虫并以小导游的身份介绍	Hello, I'm ... I'm a little guide. Look, this is a/an ... It has ... It is ... How ...
Insects I like:描述自己最喜爱的昆虫并以 Insect Cards 的方式呈现	This is a/an ... It has ... It is ... It can ... It is(a) ... I like it.

从上述表格所呈现的内容,可以清晰地看到,语言与任务的设计紧密联系,相辅相成。学生在完成任务的情境中,表述的语言结构越来越丰富,内容也越来越深入,学生真正在设定的任务中自然地习得语言,用英语做事。

(三) 任务设计具有连贯性

本单元课时任务之间的联系如图所示。

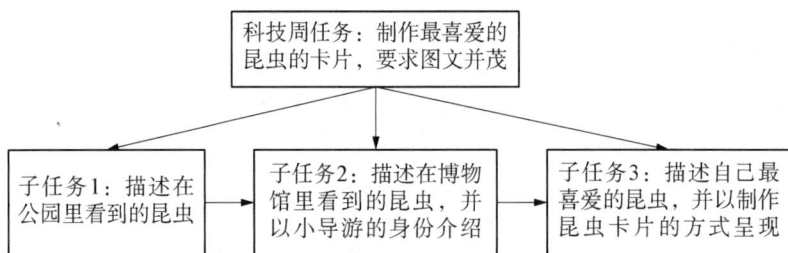

图 3 - 22　课时任务结构图

从图中可以看出,三课时的任务之间是相互关联且层层递进的。学生在一系列任务的完成中,完整、逐步地推进,最终达成了本单元的语言学习目标。

(四) 课堂活动具有可操作性

在科技周中制作自己最喜爱的昆虫的卡片,这是校园生活中常见的活动,这样的任务具有可操作性。在课堂上,通过图片和动画的形式以及教师生动的讲述,将学生引入任务的情境中,使学生有身临其境的感觉。任务完成的形式采用看看、读读、说说、写写、画画等方式，具有课堂学习的操作性。

（四）案例分析

1. 以单元为整体开展课例研究

我们可以看到，这个案例和前面幼儿园大班科学探索活动中幼儿有效合作的课例研究不同，《任务型教学，让英语课堂真实而灵动》这个课例的研究范围包括了一整个单元共三个课时，教师基于单元主题 Insects，分别围绕 Insects I see，Insects I know 和 Insects I like 开展三个课时的教学设计与改进。三个课时之间相互关联、层层深入，通过任务型教学的方式开展教育实践，最终实现单元的学习目标。

《义务教育英语课程标准（2022 年版）》提出要关注"基于学科大概念的结构化课程内容组织"，而大单元教学是落实这一要求的关键路径，能够改善以往单课时教学研究中的知识碎片化、目标短视化等问题。而单元课例研究，就是以一个学科单元教学或跨学科课程教学的全程或片段作为研究单位，围绕单元整体的教学目标、内容结构等，对各个课时的教学设计、教学方法等进行规划设计，将这些内容作为一个有机整体进行研究。单元课例研究超越了传统课时主义和以知识点为中心的教学模式，强调关注单元整体目标在每个课时中的分解与落地，关注课时与课时之间的衔接与递进，关注学生在单元学习中发展的连续性和核心素养的培育，更具有整体性与系统性。这一方法不仅有助于教师加深对学科知识的理解，提升教学设计和教学实施的能力，促进教师的专业成长，更有助于学生在系统学习中掌握学科思维，在解决真实问题中发展核心素养。因此，从传统的以课时为单位的课例研究，走向素养导向下所需的单元视域下的课例研究，也是探索新课程理念和新课程要求落地的过程。

传统的课时课例研究一般要经历"主题确立——学习设计——教学实践——观察反思——优化改进"的过程。单元课例研究的流程与之相似，只是设计、实施与反思的对象是整个单元，一般包括"单元研究主题的确立——单元学习设计——单元的课堂实践——单元视角下的观察反思——单元视角下的优化改进"。在开展单元课例研究时，可以关注的主题包括学习环境设计、单元学习目标设计、单元学习任务设计、教学评一致性、教师学习支持、教学管理制度重构等多个方面。

2. 单元课例研究中的团队协作

教师在进行单元课例研究时,需要深入研究教材、分析学情、设计教学方案,并对教学过程进行反思和改进,这并非教师个体单枪匹马可以完成的,因此,团队协作是开展单元课例研究的关键支撑。前面两个案例都是借助了教研组这一专业平台开展课例研究实践的。通常来说,教研组是由本校同学科的教师组成的,组内教师对于本学科的核心素养、教学内容等都有共同理解和认知基础,便于课例研究的组织实施。此外,教研组作为学校正式的教学管理单位,有着较为充足的资源支持和规律的时间保障,使得课例研究更具有计划性和可行性。

在开展单元课例研究时,我们可以根据研究主题需要组建学科或跨学科的研究团队,实现经验互补和资源共享,结合各自专长分别负责单元整体设计与统筹、课时活动开发与实施、课堂观察设计与数据分析、教学资源支持保障等,通过分工协作将个体碎片化的经验转化为集体系统性的教学智慧,成为专业成长共同体。

(五) 案例链接

基于幼儿园户外运动环境优化支持幼儿运动参与的实践研究①

户外运动是幼儿在园生活的重要组成部分,也是幼儿身心健康成长的基本活动形式。而幼儿在运动中的参与情况直接影响着运动的质量、影响着课程实施的质量。我们此次课例研究的主题就聚焦于优化幼儿园户外运动环境支持幼儿运动参与。

一、核心概念界定

幼儿参与,是指幼儿在知情、自愿的前提下,参与到直接或间接影响他们的事项中,有机会表达想法、影响决策和促进改变。

---

① 本案例节选自由上海市杨浦区教育学院王韵老师撰写的论文《基于幼儿园户外运动环境优化支持幼儿运动参与的实践研究——一大班"区域自主运动"为例》,原载于"第三届中式课例研究学术研讨会:课例研究引领者及其专业能力发展"会议手册。本书在选用时征得原作者同意略作了修改。

运动参与是指个体在运动中身体和心理等方面的投入,是个体参加运动时行为态度的综合表现。本研究中的运动参与指幼儿参加运动的全过程,包括运动前的规划参与、运动中的实施参与、运动后的评价参与等。

幼儿园户外运动环境是指由幼儿园户外运动场地与设施、运动组织与指导、运动互动、运动表现等因素组成的开放性、动态性的整体环境。

二、研究过程与方法

在研究中,我们组建了包含研训员、园长、教师、幼儿在内的研究共同体,确立了以户外运动环境优化作为支持幼儿运动参与的实践载体,通过课例研究的方式有力推进了幼儿参与的落地落实。

(一) 建构幼儿运动参与的理论框架

1. 从研究趋势中明确突破点

我们通过查找文献,发现已有研究在对幼儿运动参与和户外运动环境进行了理论阐释的基础上,对幼儿运动参与的基本现状及影响因素、运动环境的优化策略等开展了有益探索,总体呈现出经验总结多、实证研究少,活动介绍多、策略方法少的特点,明确了研究要进一步关注循证改进和迁移推广。

2. 在概念界定中找到支撑点

我们基于高瞻课程模式"计划—工作—回顾"循环,确定了幼儿运动参与是指幼儿参加运动的全过程,包括运动前的规划参与、运动中的实施参与、运动后的评价参与等。在这一过程中,幼儿表达自己的意愿(选择运动材料、活动和合作伙伴,制订运动计划),实践他们的想法(通过运动实现自己的目标),反思经验(回顾他们刚才做了什么以及感受到了什么)。通过参与运动规划、运动实施和运动评价,幼儿有目的地行动并对自己行为的结果进行反思,而这些能力会在他们的成长生活中发挥积极的作用。

(二) 开展户外运动环境的现状调研

1. 教师开展户外运动环境优化的调研分析

我们面向试点幼儿园全园 37 位教师开展了有关户外运动环境优化的现状调研,了解教师在日常优化户外运动环境过程中主要的观点想法、关注的内容板块、采取的方式方法等。调研发现,教师本位出发的优化主体需转换,偏重运动结果的优化内容需调整,基于经验的传统优化方法需突破。

2. 幼儿对户外运动环境的需求特征分析

我们运用马赛克方法支持幼儿表达自己对户外运动环境的多元需求,面向试点园86名大班幼儿开展研究实践,具体包括:儿童摄影(请幼儿拍摄最喜欢和最不喜欢的户外运动环境照片等)、绘画(请幼儿设计理想中的幼儿园户外运动环境、对现有环境提出建议等)、儿童会议(组织幼儿以小组形式对话题开展讨论)、儿童访谈(贯穿渗透于整个研究过程之中)等。在对获取的录音、绘画、照片等资料进行编码整理后分析发现,当前幼儿在户外运动环境优化过程中的"缺位"现象还是较为明显的,无论是优化的主体视角、优化的内容导向,还是优化的过程路径,都应该呼唤幼儿的参与。

3. 基于 MOVERS 的运动环境质量现状分析

我们运用 MOVERS(2—6 岁儿童运动环境评价量表)对试点园开展运动环境质量分析。结合研究主题,我们重点选择了子量表1、子量表2、子量表3。小组评价发现,试点园的运动环境质量得分为3.7分(满分为7分),各子量表得分表现较不均衡。其中子量表1"有关身体发展的环境、课程与资源"得分最高,为5分,属于"良好"等级;子量表2"有关身体发展的教学法"为3分,属于"最低标准"等级;子量表3"对身体活动和批判性思维的支持"得分最低,为2.67分,说明在运动组织与指导、运动互动等方面还有待加强。

表 3-31 MOVERS 运动环境测评框架

子量表1:有关身体发展的课程、环境和资源	子量表2:有关身体发展的教学法	子量表3:对身体活动和批判性思维的支持	子量表4:家长/照顾者和教师
项目1:设置环境和空间,促进身体活动的开展 项目2:提供包括可移动和/或固定器材的资源 项目3:大肌肉活动技能 项目4:通过身体活动促进小肌肉活动技能的发展	项目5:教师参与儿童的室内外运动 项目6:观察和评估儿童在室内外的身体发展 项目7:制定室内外身体发展计划	项目8:支持和拓展儿童的运动词汇 项目9:通过身体活动,鼓励在沟通和互动中持续共享思维 项目10:支持儿童在室内外的好奇心和解决问题的能力	项目11:教师告诉家长有关儿童身体发展的信息,以及身体发展对学习、发展和健康的益处

（三）推进基于课例研究的行动改进

我们以大班区域性自主运动为载体，围绕支持幼儿运动参与的核心理念，开展异课同构（不同内容、同一教师、同一思路）的课例研究实践，综合运用多种观察工具，分别开展两轮活动观察和分析研讨，在此过程中梳理提炼指向幼儿运动参与的幼儿园户外运动环境优化策略，保障幼儿参与权，促进教师专业成长。

1. 第一轮实践

第一轮实践旨在搭建平台让幼儿和教师充分对话、对接双方需求、进行优化设计，基于整合视角在试点班级尝试开展优化实践。教师通过"课前讨论——课中观察——课后反思"的形式对试点班的运动活动进行分析，同时结合幼儿活动反馈，发现仍存在着运动时间安排不够合理、环节组织推进不够科学、教师角色定位不够清晰等问题。

2. 第二轮实践

在第二轮实践中，我们主要针对前期实践结果对运动环境进行再优化、再调整，在试点班开展第二次活动实施及研讨，在实践中持续进行活动观察分析和幼儿反馈收集，在整合视角下进一步提炼基于户外运动环境优化支持幼儿运动参与的实践路径。

（六）案例分析

1. 打破"课"边界的课例研究

在上面这个案例中，教师尝试在幼儿园区域自主运动中运用课例研究的方法开展研究实践，我们可以将其与第一个案例进行对比。第一个案例中，教师在集体教学活动中研究大班科学探索活动中幼儿的有效合作，这属于一种高结构活动，教师在活动中主导性强、目标明确，有明确的步骤预设和可预期的教学结果。整个活动的框架由教师提前设计，学生在既定规则和流程中完成任务。而这个案例中，教师在区域自主运动中研究大班幼儿的运动参与，属于一种低结构活动。整体而言，活动中教师的干预较少、目标开放、流程灵活、学生自主性强。活动中仅仅提供基础框架或素材，学生通过自己的探索、创造、协作生成结果。两个案例由于课例研究载体的性质不同,而呈现出不一样的研究样态。

当我们开展课例研究时,不妨用更广义的视角来看待"课",除了上述幼儿园的低结构活动,中小学的项目化学习活动、综合实践活动等也呈现出类似的特点。我国《义务教育课程方案(2022年版)》明确提出"加强课程综合,注重关联",倡导"探究性学习、项目化学习、研究性学习"。也有越来越多的研究者开始关注在此类活动中开展课例研究。这类课例研究打破了传统意义上"课"的边界,具体表现在以下几个方面:一是打破了课时边界,从原先关注一个课时、一个单元,到关注多个课时、多个单元,甚至更长周期中学生的学习历程和学习表现;二是打破了学科边界,更注重跨学科知识的融合,可能会将多学科知识融合到一个学习主题中,培养学生从多角度解决问题的能力;三是打破了学习场地的边界,从坐在教室中的学习走向社会和生活中的真实情境学习。这种跨时空、跨学科的课例研究,虽然打破了传统课例研究中"课"的边界,但同时保持了课例研究内在精神的统一。

2. 关注"学为主体"的课例研究

在这个研究案例中,我们可以发现教师在课例研究中的关注重点从"关注教师如何教"转向"关注学生如何学",充分体现了以"学为主体"的课例研究特征。例如在研究主题的选择上,教师关注幼儿在运动中的全过程参与,包括运动前的规划参与、运动中的实施参与、运动后的评价参与等。在研究推进过程中,教师也用多种方法收集幼儿视角下对于户外运动环境的看法与需求,让幼儿大胆表达表现,教师则结合幼儿需求和观察反思对运动环境加以优化改进。这使得幼儿不仅是运动环境的使用者,更成为了运动环境的共同营造者。

在课例研究中,我们应致力于让学生成为学习的主体,让学生更加积极主动地参与到学习活动的设计、实施和评价中。一方面,要关注学生在学习过程中的表现、困难及需求,对学生的学习过程进行深入探究,尝试揭示学生学习的本质规律,而不仅仅是关注教学目标的达成。另一方面,要重视学生的个体差异。每个学生都有自己独特的学习风格和发展速度,有的学生总是积极发言,有的学生则较为沉默;有的学生对直观的教学内容接受较快,而有的学生更擅长抽象思考。教师要在研究中关注并尊重学生的个体差异,更好地理解学生的学习特点,因材施教,不要试图让所有学生都整齐划一、表现良好。

(七) 运用课例研究法的注意事项

这里有一些老师们在使用课例研究法时经常会有的困惑和疑问,我们一起来看一下。

Q1:课例研究是为了展示一堂"好"课吗?

A1:不是的。虽然一堂"好"课可能是课例研究的一个成果,但课例研究的核心目的是发现和解决教学中存在的问题,以改进教学实践,促进教师专业成长和学生的学习发展,而不仅仅是为了呈现一堂表面上完美的课。

Q2:课例研究只要关注课堂教学部分吗?

A2:不是的。虽然课堂教学是课例研究的核心部分,但还需要考虑课前的教学设计、教学准备,以及课后的教学反思、学生作业情况等。课前的教学设计直接影响课堂教学的实施效果,通过分析教学设计可以发现教学目标的设定是否合理、教学方法的选择是否恰当等问题。课后的教学反思有助于总结经验教训,了解学生对知识的掌握程度以及教学中存在的不足之处,而学生作业情况则可以进一步反映学生对课堂知识的巩固和应用能力,为改进教学提供依据。

Q3:课例研究只是执教教师的事情,跟其他教师关系不大,这种说法对吗?

A3:不是的。课例研究是一个团队合作的过程,虽然执教教师在其中起着关键作用,但其他教师的参与也非常重要。通过团队成员的共同研讨、协作观察和反思交流,能够更全面地发现问题、分析问题和解决问题,提高课例研究的质量和效果。

Q4:课例研究的课堂观察就是看教师的教学行为吗?

A4:不是的,课例研究的课堂观察对象不单指向教师的教学行为,还包括对学生学习行为、课堂环境等多方面的观察。因此,在进行课例研究的课堂观察时,需要根据研究问题确定观察重点,以及具体的观察维度和观察指标,应该有明确的观察重点和观察维度。

Q5:课例研究主要是实践操作,不需要太多的理论依据,这种观点正确吗?

A5：不正确。虽然课例研究侧重于教学实践，但理论依据是非常重要的。理论可以为课例研究提供方向和指导，帮助教师更好地理解教学现象、分析问题产生的原因，并提出有效的解决策略。缺乏理论支撑的课例研究可能会停留在表面现象的观察和描述上，难以深入挖掘问题的本质。

（八）课例研究法的未来研究展望

传统课例研究通常聚焦于某一节课或某一系列课的教学实践，重点关注课堂教学中的具体问题的解决和改进策略。在持续研究与探索的过程中，课例研究的范畴也逐渐拓宽，"课程样例研究"一词开始走入人们的视野。课程样例研究的关注点从具体的某一次或某几次课堂教学扩展到整个课程层面，涵盖课程目标、课程内容、课程实施、课程评价等多个方面。它不仅关注一节课的教学效果，更注重课程的整体设计与实施是否符合教育目标和学生的学习需求，是对课例研究在范围和深度上的进一步拓展。

在课程样例研究中，研究对象从教学问题转向以课程文本为载体的课程问题；研究组织从传统的教研组、备课组重构转变为分层联动的教师研修共同体；研究路径超越对课的迭代改进，聚焦多层级课程文本的设计、实施与改进；研究功能除改进教师教学和促进教师专业发展外，也能推动学校整体课程变革。"课程"视域下的课例研究新样态促进了课例研究理论的概念重建，能够更好地适应教育改革的趋势，推动教育教学向更高水平发展。

（九）学习资源

● 《课例研究》

本书的作者是华东师范大学教育学部安桂清教授，由华东师范大学出版社于2018年出版。该书主要包括作为教学研究方法的课例研究和作为教师专业发展路径的课例研究两个部分。具体内容涵盖课例研究概述、设计本位研究取径的课例研究、话语分析取径的课例研究、描述性评论取径的课例研究等。

五、运用马赛克方法开展学生学习研究

马赛克方法作为一种"倾听"幼儿的方法论，强调运用多元方法来获取儿童日常生活的各种细节，通过不同方法获得的细节构成了儿童及其整个生活的片段，将多样的片段汇集到一起，勾勒出个人、群体或组织的丰满图像。

马赛克方法使得儿童能有机会对一日生活表达自己的看法，作出自己的决策。运用马赛克方法倾听幼儿，是教师在日常教育过程中研究儿童的重要方式，其核心是凸显和发掘儿童的主体地位、内心想法，关键是改善和提升儿童发展的外部支持。下面我们一起来看两个应用马赛克方法开展儿童学习研究的实践案例。

（一）案例链接

基于马赛克方法的美术区域环境优化研究①

幼儿园美术区域活动中存在环境预设性强、作品以陈列为主、缺乏互动性等问题。因此，我们结合马赛克方法，运用观察、儿童会议、儿童摄影、绘画等方式，归纳儿童视角下的美术区域环境创设要点，将成人视角与儿童视角相融合，了解美术区域环境的现状，提出环境优化方案，并归纳总结美术环境创设的教育建议。

一、倾听幼儿，了解儿童眼中的环境

为了收集多元视角下的美术区域环境现状，教师观察记录一周内班级幼儿在自由活动时间进入区域的活动频次。综合观察结果，选取进入区域频次最高的 5 位幼儿和频次最低的 5 位幼儿，在征询了 10 位幼儿及家长的意见后开展马赛克研究。

（一）儿童会议，表达观点

为了让幼儿参与到班级环境创设中来，我们以"我眼中的美术区域"为主题开展了

---

① 本案例节选自上海市杨浦区五角场幼稚园俞思涵老师的论文，原文为《倾听幼儿，与美"童"行——基于马赛克方法的美术区域环境优化研究》，发表于《学习报》2024 年第 7—12 期。本书在选用时征得原作者同意略作了修改。

儿童会议。10 位幼儿围绕自己喜欢和不喜欢的地方展开讨论,内容主要涉及设备材料、空间布局、艺术作品、同伴关系等方面。

表 3-32 "我眼中的美术区域"讨论内容频次表

幼儿	参与频率高组					参与频率低组				
	海海	阿布	咪咪	柚子	小沐	宸宸	乖乖	希希	乐乐	兜兜
设备材料	√	√	√	√	√	√	√	√	√	√
空间布局	√				√					
艺术作品	√	√					√		√	
同伴关系		√	√	√						

设备材料是每位幼儿都提到的内容,他们对材料的数量、种类、质量、使用方法、色彩等提出了自己的观点。相比而言,参与频率高的幼儿会更关注材料的细节特征,而参与率低的幼儿更关注材料的种类。

在空间布局方面,两组幼儿对同一个空间摆设的观点有所不同。参与频率高的幼儿认为小空间更便于拿取物品,参与频率低的幼儿则认为小空间过于拥挤。

有关同伴关系的讨论只出现在参与频率高的幼儿谈话中,因为他们有更多和同伴互动游戏的体验,反映出同伴的游戏行为也会成为他们对环境综合评判的要素之一。

表 3-33 幼儿对美术区域环境的主要观点

	喜欢的原因	不喜欢的原因
设备材料	有喜欢的材料	喜欢或需要的材料没有或太少(期望增加转盘、pad,部分材料增加种类)
空间布局	材料拿取便利、有自己的作品架	布局局促、标识不清(增加入口、出口标识)
艺术作品	有自己或同伴漂亮的作品呈现	没有自己的作品
个人兴趣	喜爱各类美术活动	更偏爱其他活动类型
同伴关系		同伴游戏时影响他人

汇总幼儿对美术区域环境的主要观点如下:

在幼儿的谈话中,我们发现个人兴趣是影响幼儿参与的重要因素,参与频率低的幼儿全都提及自己相比美术创作更喜欢其他的活动,而参与频率高的幼儿则相反。设备材料也是影响幼儿参与的重要因素,因为材料是幼儿直接互动的对象,他们对材料有着充分的、多维的感知与使用经验。

(二) 绘画表征,参与设计

为了在优化环境时更多听到幼儿的建议,我们鼓励全班幼儿通过绘画的方式设计自己理想中的美术区域。虽然幼儿的表征能力无法呈现出完整的设计图,但依旧提供了非常可贵的环境优化建议。

63%的幼儿围绕玻璃墙提出调整的建议,他们都表示要把多彩的作品放到玻璃墙上。幼儿普遍提到了"彩虹""花朵""机器人""动物"等主题的作品。16%的幼儿提出要把材料放整齐,材料需要颜色丰富。5%的幼儿提出要把区域变得更为宽敞,便于行走。

(三) 教师访谈,发现问题

为了从多元视角思考环境优化的建议,我们通过访谈了解教师环境创设的预设。在与教师的访谈中,我们发现教师对美术区域环境的创设主要源于自身艺术审美与主题活动内容。基于《我是中国人》的主题,运用中国风的主基调设计了相关的版面,以黑白色、山青色为主色调,但幼儿并不十分喜欢。环境布局、材料投放基本以教师预设为主,教师虽然投放了丰富的材料,但材料类别的选取比较随机,仅将常用的美术类材料罗列摆放。此外,教师为每位幼儿提供了作品陈列架,但玻璃墙上的作品是教师筛选过的,目的在于更好地营造和谐富有美感的视觉效果。

二、师幼共建,开展环境调整的行动

(一) 反思分析,综合多元视角

基于幼儿与教师两者视角,我们可以发现,教师所呈现的区域环境创设能带给幼儿美的感受和体验,提供的美术材料能支持幼儿的自主创作。但幼儿对教师环境创设意图的不理解,导致幼儿只是欣赏者,且这将无法吸引缺乏艺术兴趣的幼儿参与活动。

综合幼儿的设计与建议,教师重新调整美术区域环境创设的方案:

1. 向幼儿介绍环境创设意图,帮助幼儿了解中国传统艺术的特征。

2. 与幼儿一同创设玻璃墙区域环境,让幼儿参与方案设计、美术作品创作等。

3. 了解幼儿喜爱的材料种类，并适当增加材料的数量。

4. 丰富区域活动，增加综合性美术活动内容，包括印刷术、造纸等，吸引更多幼儿进入区域。

在确定调整方案后，区域环境调整行动就此展开。

(二) 着手实施，注重幼儿参与

在《我是中国人》主题背景下，教师与幼儿交流了环境创设的意图，通过视频、观展等途径让幼儿了解中国的传统艺术表现形式，欣赏水墨风格作品。同时，教师提供了材料表让幼儿投票确定最近想要使用的材料有哪些。根据幼儿投票的情况，教师调整并提供了墨汁与国画颜料、超轻黏土、绒球、马克笔等材料。

在幼儿的提议下，玻璃墙区域主要布置陈列幼儿自创的国画作品，作品的选择基于幼儿的讨论、投票，并由幼儿自行布置和张贴。

结合日常讨论与主题进展以及幼儿的兴趣，在美术区域中增加印刷、造纸等综合性美术活动，促使原先参与度低的幼儿也逐渐开始进入区域，参与多种美术表现。

三、倾听复盘，形成动态调整的机制

在上一轮的调整后，进入美术区域的幼儿变多了，但我们还是需要通过倾听幼儿，进一步了解环境调整后幼儿的使用情况。我们采取了儿童摄影的形式直观地让幼儿设身处地地观察环境，有选择地拍摄，从而提取幼儿的真实想法。

每位幼儿自主进入美术区域进行拍摄，记录下自己喜欢或不喜欢的区域，并简单叙述理由。汇总发现幼儿的照片内容主要包括以下几个方面：

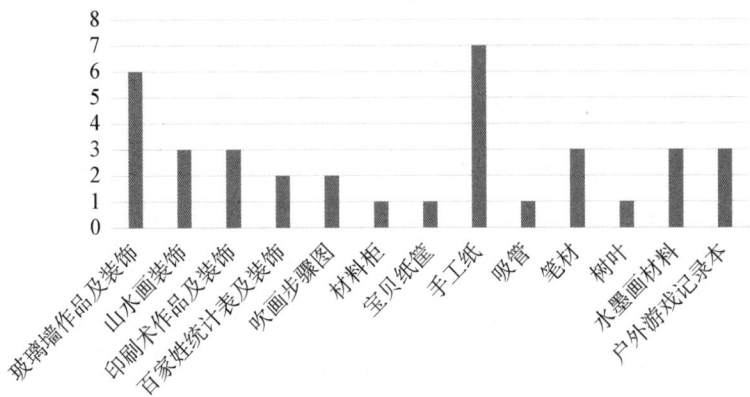

图 3 - 23　儿童摄影内容及频次统计图

我们发现，幼儿更多结合自己的使用经历来评价环境，并开始关注环境的细节特征。在设备材料方面，大部分幼儿提及手工纸和各类笔材，它们的可塑性及便利性让幼儿可以呈现多种艺术表现，被大多数的幼儿所喜爱，并且是最常使用的材料之一。而争议较大的材料是墨汁，投放至今幼儿使用率仍较低，主要是色彩单一和整洁性的问题，幼儿认为"容易弄脏衣服和手""只有黑色，不好看"。此外，幼儿还提到筐内材料摆放不整齐、杂乱，或是没有按照颜色的顺序摆放，表现出他们对视觉感官舒适度的需求。

图 3–24　幼儿拍摄的手工纸、马克笔

图 3–25　幼儿拍摄的玻璃墙

玻璃墙是幼儿拍摄频次最高的区域，可能由于这个区域较大，较容易受到关注。相比教师创设的框架背景，幼儿在描述中更多提到他们自己的作品。有趣的是，所有幼儿都将左下方彩色水果的作品放在照片的主要位置，而忽略了右上方黑白的老房子作品。这一点可能凸显了幼儿对色彩的敏感度，也可能反映出幼儿最适宜的视觉高度。这也为教师下阶段进一步的调整提供了很好的依据。接下来，我们将结合多元视角，开展持续的动态调整，创设更平等、多元、可持续的区域环境。

（下文略）

（二）案例分析

1. 运用马赛克方法开展学生学习研究的儿童观与研究观

作为一种融合了多元方法、多重声音的研究方式，马赛克方法把不同的视角结合在一起，以便和儿童共同创造一幅有关儿童世界的图景，体现出其独特的儿童观与研究观。在这个案例中，教师运用儿童摄影、儿童访谈等马赛克工具了解幼儿对于班级美术区域环境的看法，通过倾听反思进行优化调整，使美术区域环境更符合幼儿的兴趣与需求。

从儿童视角所反馈的信息中，我们可以发现幼儿对于班级美术区域环境的认识是全方位的，他们关注的美术区域环境不只体现在设施材料上，也包含整齐多彩等审美偏好、同伴关系等人文环境、便利整洁等使用体验、作品展示等心理认同多个方面。幼儿是有能力对他们的日常生活细节进行评论的人，他们能够围绕他们自身的生活表达自己独特的看法，是他们自身生活方面的专家。因此，教师在进行教育实践改进的过程中，要充分了解幼儿的真实想法，聚焦幼儿的认识和幼儿认为优先的事项上来。

幼儿拥有表达他们自己的看法和经验的能力。案例中运用马赛克方法帮助教师在幼儿美术区域环境创设中加入了儿童视角，儿童会议、儿童绘画、儿童摄影等马赛克工具更好地支持幼儿运用多元表征表达自己的内心想法，并真切地参与到学习环境设计中来。正如瑞吉欧教育认为"儿童拥有一百种语言"，鼓励幼儿运用他们的所有感官，借助多种多样的途径进行交流。因此，教师要通过提供各种丰富的资源和环境，来支持幼儿交流他们的看法，要努力确保每个幼儿都有机会分享他们的观点。

正如社会建构主义学习观认为，学习是成人与儿童以及儿童与同伴之间合作建构的过程。在研究过程中，马赛克方法的运用使得学习环境的创设主体由教师主导转变为师幼共建，更好地满足了不同性格特点、不同发展水平的幼儿需求。这为基于儿童视角的美术区域甚至是班级其他区域环境的创设都提供了重要的依据。

2. 运用马赛克方法开展学生学习研究的环节流程

在《倾听幼儿——马赛克方法》书中详细介绍了马赛克方法的应用环节主要包括

三个部分：一是信息生成与采集，二是信息汇总与处理，三是结论反思及实践改造。

　　首先，我们要尽量利用各种可能的渠道来生成信息、收集信息，从而获得幼儿在某一方面的感受、想法、意见、经验、兴趣等。这些渠道中有些属于直接采集，比如观察、访谈；有些则需要研究者事先告知幼儿在以后的一段时间里具体的研究内容，并和幼儿一起了解相关研究方法，提醒幼儿可以选择他们喜欢的方法来表达自己对研究内容的想法。

　　在上一阶段获取的有关幼儿的看法和经验，需要经过解释和反思才能成为优化决策的依据。因此，我们需要根据幼儿的行为信息（现场观察记录）、作品信息（幼儿拍摄的照片、制作的图书、地图等）以及其他一些间接信息（家长、教师的访谈）等，引导幼儿做出自己的解释和阐述，让研究者更清楚地了解与明晰儿童的经验背景、兴趣关注点等信息。

　　最后一个步骤是从所得出的研究结论出发，对实践予以反思和整改。倘若前两个阶段的工作进行得足够扎实充分，产生的多元视角和丰富资料将有助于在这一阶段做出顺理成章、理据充分、具体细致的决策。因此，我们需要根据儿童的观点来形成新行动的基点，对教育实践进行改造。作为一种实实在在的行动研究方法，是否最终落实为行动改造，不仅是关系到马赛克方法完整性的一个基本环节，在一定意义上其实也是它的旨归所在。

　　由此我们可以看出，如果按照马赛克方法的经典应用流程来收集信息、分析信息、形成决策，这三大环节在整体上呈现出一种线性结构，完成全部研究的时间周期较长，往往需要研究者以旁观者的身份进入教育实践场景之中，对托幼机构中的教师、幼儿、家长等不同群体进行持续性的观察与研究，以完成相应的课题或项目。但是，教师在运用马赛克方法开展学生学习研究时，我们的根本目的在于优化实践，因此教师可以采用边研究、边改进的策略。例如，在上面这个运用马赛克方法优化班级美术区域活动的研究案例中，教师打破马赛克方法的原有环节与流程，先通过儿童会议、儿童绘画等马赛克工具收集"儿童眼中的美术环境"信息，随后结合现有信息进行分析反思，师幼共同开展环境调整行动，一段时间后再采用儿童摄影与图书制作进行倾听与复盘，持续开展动态调整与优化改进。研究环节不再是规整的三段式，而是根据实际需要灵活调整，纵横交错、网状贯通。

（三）案例链接

基于马赛克方法的儿童入学准备研究①

一、研究设计

笔者从 2024 年 4 月起，在 S 园两个大班开展以入学准备为主题的相关研究，综合运用马赛克方法中的儿童访谈、幼儿园之旅、儿童绘画说画等工具，收集儿童关于入学准备的相关看法和经验，并对 2 个月间收集到的研究数据与信息进行归纳整理和研究分析。

儿童小组访谈：邀请 5 名幼儿围绕入学准备话题进行半结构化访谈，了解幼儿的入学态度及相关观念形成的原因。访谈时间为幼儿户外活动后的自由活动时间，确保幼儿在放松、自主的状态下回答问题。访谈过程中尽可能鼓励幼儿大胆说出想法，同时适当追问，确保访谈结果的真实性、准确性。

儿童绘画说画：邀请 7 名幼儿围绕"我心目中的小学"进行绘画，在绘画结束后由每位幼儿单独向笔者介绍作品的内容与含义，从而了解幼儿自身对小学的具体看法。

幼儿园之旅：邀请 2 名幼儿，在下午户外活动期间带领笔者在幼儿园进行"旅行"，讨论哪些场所与"上小学"或"学习"有关，小学里的哪些场所会与幼儿园不同。在游览过程中，允许幼儿对涉及的场所、场景或物品进行拍摄和讨论。

二、研究发现

（一）儿童小组访谈

围绕"你认为上小学要准备什么？为什么？""你觉得幼儿园和小学有区别吗？区别在哪儿？"等问题与 5 位大班幼儿进行小组访谈，根据访谈内容提取了以下观点：

---

① 本案例节选自同济大学幼儿园宦子茜老师的论文，原文以《以经历作为一种"方法"——基于儿童视角对入学准备的再思考》为题，发表于《学习报》2025 年第 13—18 期。本书在选用时征得原作者同意略作了修改。

表 3 - 34 　基于儿童视角的访谈发现

幼儿眼中上小学的准备	幼儿眼中幼儿园和小学的区别
课本（以经验准备的意涵出现） 整理书包 上课时不能讲话 要写家庭作业	小学里只能趴着休息，不能睡觉 小学没有幼儿园那么大的空间（指访谈发生的场所，即游戏空间） 桌椅的大小——关于是否想要同桌的讨论 不同活动场所的大小、名称的变化

当问及"你准备好做小学生了吗"，4 名幼儿给出了肯定的答案，因此笔者追问了幼儿对于小学的期望（"小学里你最期待什么"）。幼儿的回答中包含了幼儿自身喜欢的活动（美术课）以及幼儿已经在进行准备的活动（羽毛球课，家长已为幼儿报了课外班），其中 1 名幼儿回答"期待下课"。除 4 名幼儿以外，另有 1 名幼儿表示"不知道，不想上小学"。

通过小组访谈可以发现，幼儿在访谈中提及了多项与小学有关的准备内容，并且在幼儿的互相交谈间不断切换对这些内容的阐释方式，例如两名幼儿在谈起"幼儿园和小学的区别"时对"桌椅"这一物品的讨论：

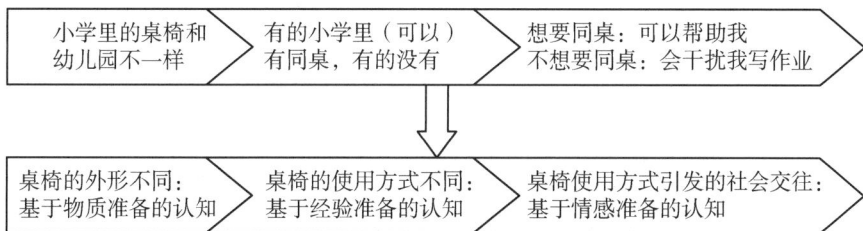

图 3 - 26 　幼儿园与小学区别——桌椅讨论

这种基于不同经验的阐释在小组访谈中反复发生，反映出幼儿的入学准备观在物质准备、经验准备、情感准备之间相互链接。

（二）儿童绘画、说画

根据 7 名幼儿绘画后对作品的讲解与笔者追问的内容，整理后提取以下包含入学准备的内容：

表 3-35　幼儿绘画说画内容

作品信息	幼儿绘画、说画内容
绘画 1	这是一个大门，能进去。晚的同学是关到大门里面去。
绘画 2	我喜欢小学的外墙蓝色，楼上有一个很小的楼层，我在上面能看到很远的风景，有窗户有门，我希望我们的操场变得很大，我在幼儿园里升过国旗，我想在小学里升国旗，这样我每天就能升国旗啦。
绘画 3	我画的有两栋楼，一个是左边大楼，一个是右边大楼。左边上课的时候铃铛会响，右边上课的时候铃铛也会响，这个颜色我觉得很好看，还有花花草草。 你喜欢小学里边有好看的外墙的颜色是吗？ 是，我还喜欢大门的颜色，大门的颜色是我自己心目中想象的，围墙上还有爱心。 我喜欢这个 xx 小学。
绘画 4	他们是小学生，要穿一样的衣服。
绘画 5	为什么小朋友要有宿舍？ 因为有时候小朋友有一些很长的课程要到晚上，但是晚上爸爸妈妈又没时间来接我们，所以就要在这个宿舍里待一会儿。 你怎么知道有宿舍？ 是我妈妈告诉我的。
绘画 6	小学一年级戴绿领巾，慢慢就戴红领巾了。 小学和初中要行礼。

　　幼儿绘画中对小学的细节描绘，反映了幼儿从多种渠道获得了对小学的直接、间接经验，其中涉及规则、管束方面的内容较多，绘画 7 则几乎都涉及规则和规训的话题。

图 3-27　儿童绘画 7 解读

（三）幼儿园之旅

根据幼儿在幼儿园之旅中拍摄的照片以及与笔者交谈的内容,提取以下与入学准备相关的内容:

表3-36　幼儿在幼儿园之旅中拍摄的事物

幼儿在幼儿园之旅中拍摄的事物	走廊里的作品
	室外、室内的自然角
	操场上的大型玩具、沙坑(幼儿能明确说出这些事物小学里没有)
	种植园附近的绣球花、种植园里的植物
	走廊里其他班级幼儿的作品(是其中一名参加幼儿园之旅幼儿的朋友所在的班级)
	多功能室内摆放的舞龙(两名幼儿都参加过幼儿园的舞龙活动)
	美术室、结构室、阅读室里幼儿的作品(其中阅读室里幼儿拍摄的是自己的作品)
	阅读室里幼儿感兴趣的书

（四）案例分析

1. 运用马赛克方法开展学生学习研究的路径指向

在这个案例中,教师运用马赛克方法开展大班幼儿入学准备的相关研究,通过儿童访谈、儿童绘画、幼儿园之旅等马赛克工具支持幼儿表达关于小学的期待与担忧,帮助教师更加全面地了解幼儿的真实想法,为更具儿童视角的幼小衔接活动提供了有效参考。

我们可以看到,这一案例更多关注的是人的层面,通过应用马赛克方法让儿童"发声",帮助教师实现深度理解儿童,凸显的是教育目的。借助"儿童能做"且"儿童想做"的多元方法,直观而可视化地呈现儿童内在的观点想法,为教师更全面、深刻地理解儿童创造了良好契机。

前面《基于马赛克方法的美术区域环境优化研究》这个案例,是另一种非常典型的马赛克方法的应用路径,关注的是课程层面,通过应用马赛克方法对儿童学习与发展的外部支持进行优化改进,凸显的是教育的方法手段,既包括了对于显性课程的优化,如教师有组织的、正式的活动与课程等,也包括了对非正式、无意识的、潜移默化的学习环境等隐性课程的优化。马赛克方法促使研究者关注儿童视角、儿童立场与儿童观点,更为落实这些理念提供了抓手与工具。

上面我们所介绍的两个案例分别反映了马赛克方法的两条应用路径,前者是外向应用路径,后者是内向应用路径。两条应用路径之间相互促进、相互支持。教师对于对儿童内在观点想法的认识有利于教师创设更适宜、适性的教育环境和课程,为教师改善与优化外部教育支持奠定基础。而符合幼儿年龄特点、发展规律、兴趣需要的课程与环境也将进一步助推儿童的学习与发展,使他们能够更加大胆、自信地自我表达。两者之间相互交织、形成良性循环。

2. 运用马赛克方法开展学生学习研究的对象范畴

在运用马赛克方法进行研究时,不少老师会有这样的困惑:是否马赛克方法更适用于个案研究? 实际上,马赛克方法完全是可以面向儿童群体的,教师可以借助马赛克方法了解某一幼儿群体的典型特征和经验特点。例如,在幼儿入学准备的这个案例中,参与到研究中的幼儿数量并不多,但却整体上反映出幼儿对于入学准备的基本看法和认识的现状。教师通过儿童访谈、儿童会议、儿童绘画等工具了解本班幼儿对于"小学"的朴素认识,从中归纳出共性特征,并尝试从幼儿、教师、家长及其他相关人员的多重视角展开对幼儿观点和想法的解释和反思,借助不同主体相互之间的持续对话来加深对幼儿各种看法经验的理解。这使得我们收集到的数据资料更具有普适性,也使得后续幼小衔接活动的设计与实施更具幼儿视角、更符合幼儿需求、更兼顾幼儿的长远发展。需要注意的是,增添对成人的访谈和调查并不是挑战或颠覆儿童的观点看法,而是结合成人的观点来丰富"马赛克"的画面,建构立体的、多元的经验与信息。马赛克方法将儿童形式多样的行为信息、言语信息、作品信息等进行整合,呈现儿童的多样化表达表征,促使儿童在关乎自身的事务上发出自己的声音,契合儿童的内在需求,使不同儿童的声音都有机会得到聆听和回应。

(五) 运用马赛克方法的注意事项

这里有一些老师们在使用马赛克方法之前经常会有的困惑和疑问，我们一起来看一下。

Q1：马赛克方法的使用是有固定流程的吗？

A1：不是的。前面我们了解了马赛克方法的三个主要实施阶段，但这种阶段的划分是相对来说的。实施时，第一和第二阶段常常交织在一起，因此，我们要尽量利用各种可能的渠道来生成信息、收集信息，从而获得某一幼儿在某一方面的感受、想法、意见、经验、兴趣等，并将儿童形式多样的"行为信息""言语信息""作品性信息""间接信息"等进行整合。

Q2：马赛克方法只适用于个案研究吗？

A2：马赛克方法既可以研究个别幼儿也可以研究全体幼儿。在研究全体幼儿时，教师可以先与一小组较为自信的儿童合作，然后逐步使用得到的记录与其他组的儿童展开对话，最终导向整组儿童一起合作建构。如果倾听的核心是儿童的共同经验，那么这种累积的方法会特别有价值。

Q3：马赛克方法只适用于大年龄的幼儿吗？

A3：不是，研究表明马赛克方法同样适用于一两岁的儿童。例如，在挪威一个托儿所，研究者选择了 4 名有哥哥或姐姐的儿童参与项目，通过使用观察、参观托儿所并让哥哥姐姐给弟弟妹妹拍照、制作图书和地图、年长同胞访谈等马赛克工具，这些最年幼的孩子也能成为其环境中积极的意义创造者。

Q4：所有研究主题都适合马赛克方法吗？

A4：不一定，真正重要的问题是教师所确定的主题是否来自儿童的经验、是否包含了丰富的学习机会。开放的、可能性多的、可能激发争议性观点的主题才更值得用马赛克方法来倾听儿童的声音、促进儿童的深度学习。

Q5：儿童不愿参加马赛克方法的研究怎么办？

A5：马赛克方法非常强调伦理性。儿童有拒绝参与研究的权利和中断研究的自由。由于个性不同，某些幼儿可能因为害羞、不善于口头表达等情况而不想参与研究，研究者应尊重他们沉默的权利。

（六）马赛克方法的未来研究展望

通过这两个运用马赛克方法开展学生学习研究的案例，我们已经充分认可马赛克方法作为一个囊括了多种研究工具的"工具箱"，能够适应不同儿童在交流模式上的不同偏好，是教师倾听与理解儿童的有力法宝。在日常教育教学之中，教师既可以按照马赛克方法的经典应用方式倾听幼儿、开展课题研究，也可以通过变式调整，进一步丰富马赛克方法的应用场景，有效彰显儿童立场与儿童参与，推动幼儿园的教育实践改进。

例如，2021年9月国家发改委联合22部门发布《关于推进儿童友好城市建设的指导意见》。如今，各地都在积极创建儿童友好城市、儿童友好社区、儿童友好学校，积极推动儿童友好理念的落地落实，为儿童成长发展提供适宜的条件、环境和服务，切实保障儿童的生存权、发展权、受保护权和参与权。教师也可以在家、园、社协同育人的过程中，引入马赛克方法的理念与工具，将马赛克方法应用场域拓展至家庭和社区之中，引导家长、社区工作者等不同群体在日常生活中了解并使用马赛克方法，使马赛克方法不光成为获取儿童声音的渠道，更成为儿童对与自身相关的事项进行决策改进的途径。这不仅有利于社会各界更多倾听与理解儿童，儿童自身也将在此过程中获得全面发展的契机。

（七）学习资源

● 《倾听幼儿——马赛克方法》

本书由马赛克方法创立者 Alison Clark 撰写，浙江师范大学杭州幼儿师范学院刘宇教授翻译，于2020年由中国轻工业出版社出版。本书精炼地阐述了马赛克方法的理论框架，还详细介绍了作者本人及其他多国研究者运用马赛克方法开展的研究实例，为教师深入理解马赛克方法，进而将其运用于实践提供了极富价值的参考。

第四章

人工智能赋能教师的学生学习研究

　　"人工智能是引领新一轮科技革命和产业变革的重要驱动力。"①在当今时代，人工智能、大数据、区块链等新技术正以前所未有的速度蓬勃发展，深刻地改变着社会的各个领域，也在不断渗透着教育教学的各个场景。第四章聚焦"技术赋能"，深入探讨人工智能如何重构学生学习研究的范式。本章展示了人工智能在教育场景中的多元应用，从智能评估学生学习状态到个性化学习路径推荐，再到教学过程的实时反馈，全方位展现了技术的力量。这些创新探索为教师提供了全新的研究工具和视角，助力教师在智能浪潮中把握研究的主动权，为学生学习研究注入新的活力，推动教育向更加智能化、个性化的方向发展。社会对人才的需求也逐渐发生了转变，更加注重人才在新技术环境下的综合能力和核心素养。这促使教育领域必须进行相应的转型，以培养出适应时代发展需求的人才。本章，我们将围绕人工智能赋能学习研究的应用场景与实践案例等内容，为读者呈现人工智能赋能未来教育与学生学习的可为空间。

---

① 习近平.推动新一代人工智能健康发展更好造福世界各国人民[N].人民日报,2019-5-17(1).

第一节
人工智能赋能学习研究的应用场景

2017 年,国务院颁布的《新一代人工智能发展规划》中强调,要基于人工智能技术"开发智能教育助理,建立智能、快速、全面的教育分析系统;建立以学习者为中心的教育环境,提供精准推送的教育服务"。① 2019 年,中共中央、国务院印发了《中国教育现代化 2035》,文件指出,"以人才培养为核心,通过提升校园智能化水平、探索新型教学形式、创新教育服务业态、推进教育治理方式变革,智能驱动教育创新发展"。② 2021 年,联合国教科文组织出版《人工智能与教育:政策制定者指南》,力求帮助各国领导者和政策制定者更好地了解人工智能给教育教学带来的可能性与影响,以期提供包容、公平的优质教育和全民终身学习的机会。③ 在此背景下,我国政府部门从教育体系构建、教育评价改革、教师队伍建设等多方面采取政策措施,为稳步推动人工智能赋能、创新和重塑教育,④提高教育发展质量提供了有力保障。作为国际教育信息化发展方向标的美国《地平线报告(高等教育版)》预测显示:物联网、云计算、大数据、三维计算、人工智能 5 种新兴技术对教育发展具有持久和深刻的影响,引领技术变革教育的

---

① 中华人民共和国中央人民政府. 国务院关于印发新一代人工智能发展规划的通知[OL].＜http://www. gov. cn/zhengce/content/2017-07/20/content_5211996. htm＞.

② 中华人民共和国中央人民政府. 中共中央、国务院印发《中国教育现代化 2035》[OL].＜http://www. gov. cn/xinwen/2019-02/23/content_5367987. htm＞.

③ Miao F, Holmes W, Huang R and Zhang, H. AI and education: A guidance for policymakers [M]. Paris, France: UNESCO Publishing, 2021:13 - 37.

④ 曹培杰. 人工智能教育变革的三重境界[J]. 教育研究,2020,(2):143—150.

总趋势。① 其中,人工智能(Artificial Intelligence,简称 AI)是通过程序使计算机能进行一些思维推理,使其具备一定的环境适应、自动学习、自动决策等类似于人类的高级智能。② 人工智能与学习科学的结合并应用于教育领域即称之为教育人工智能(Educational Artificial Intelligence,简称 EAI),EAI 重在通过人工智能技术更深入、更微观地窥视、理解学习是如何发生,是如何受到外界各种因素的影响,进而为学习者高效地学习创造条件。③ 2024年 9 月,上海市教育委员会印发《上海市推进实施人工智能赋能基础教育高质量发展的行动方案(2024—2026 年)》,强调坚持将促进学生全面发展、赋能学生个性化成长作为衡量人工智能基础教育应用的基本标准和根本遵循,鼓励开展人机对话式学习、项目化探究学习、个别化自适应学习等应用,推进大规模因材施教以满足学生多元学习需求。④

具体到人工智能与学生学习的关系,胡小勇等提出,在人工智能技术的支持下,学生学习呈现出精准化、拟真化、个性化的发展趋势。⑤ 其中精准化主要体现为对学生学习情况的动态分析、过程可视化和实时预警;拟真化体现为教学情境的强交互性和高仿真性,智能技术⑥、扩展现实⑦、数字孪生⑧、元宇宙⑨、5G 网络⑩等构建的课堂教

---

① 李新房,李静,等. 新兴技术在高等教育中的应用、发展趋势与挑战研究——《2017 地平线报告(高等教育版)》解读与启示[J]. 现代远距离教育,2017,(4):3—11.

② 张国云,杨文正,赵梅."技术赋能学习"视域下新兴技术在教育 APP 中的应用前瞻分析[J]. 中国电化教育,2018,(10):107—117.

③ 闫志明,唐夏夏,等. 教育人工智能(EAI)的内涵、关键技术与应用趋势——美国《为人工智能的未来做好准备》和《国家人工智能研发战略规划》报告解析[J]. 远程教育杂志,2017,(1):26—35.

④ 上海市教育委员会. 关于印发《上海市推进实施人工智能赋能基础教育高质量发展的行动方案(2024—2026 年)》的通知[OL]. < https://edu. sh. gov. cn/xxgk2_zdgz_jyxxh_03/20241217/d41f0919ad4446f28076eb15c5669070. html>.

⑤ 胡小勇,孙硕,杨文杰,等. 人工智能赋能教育高质量发展:需求、愿景与路径[J]. 现代教育技术,2022,32(01):5—15.

⑥ 智能技术,即有关智能的产生、传递和应用的技术。它涵盖了机器学习、深度学习、自然语言处理、计算机视觉等多个领域。

⑦ 扩展现实,是 Virtual Reality(VR,虚拟现实)、Augmented Reality(AR,增强现实)和 Mixed Reality(MR,混合现实)三种技术的统称,它通过计算机将真实与虚拟世界融合,为用户提供一个更加丰富和沉浸式的体验。

⑧ 数字孪生,是以数字化方式创建物理实体的虚拟模型,借助数据模拟、映射物理实体在现实环境中的行为和性能,它可以精确地反映物理实体的外观、性能、状态等各个方面。

⑨ 元宇宙,是一个虚拟的、由用户共同创建和体验的数字世界。它包含了虚拟社交、虚拟经济、虚拟娱乐等多种元素,用户可以在其中拥有自己的虚拟身份,进行各种活动,就像在现实世界中一样。

⑩ 5G 网络,是第五代移动通信技术,它具有高速率、低时延、大连接的特点。

学空间具有高传输速率、低时延等特点,增强学习积极性与投入度,学生学习将更为沉浸;个性化体现为学习服务的自适应支持,知识图谱、深度学习算法等可以实现教学资源与学习支持的自适应推送,更好地满足了学生的多元需求。在本节中,我们试图跟随教师课堂教学的脚步,从课前、课中、课后的时间顺序来粗略划分人工智能赋能教师开展学生学习研究的应用场景,以期让教师对此有全景式的了解。

一、课前:精准洞察学情,优化教学设计

(一)学情画像构建

超越传统依赖教师经验的主观判断做法,借助人工智能的识别、感知和算法,全方位、全过程采集学生日常学习中在不同学习空间、不同系统平台上产生的数据,生成动态、精准的学习者画像,建立学生学习成长数字轨迹,为学生核心素养及关键能力的诊断提供丰富的数据基础。也就是说,智能学情画像系统全面整合学生多维度数据,涵盖课堂行为数据,如注意力集中时段与分散节点、互动发起与回应频率;心理数据,包括学习时的情绪波动曲线、压力指数变化;学业表现数据,如各类作业正确率、各知识点掌握程度明细等。在此基础上,通过匹配学科核心素养,构建核心素养智能分析与诊断模型。通过"核心概念——核心素养要素——发展等级——特定行为表现"的智能匹配,结合大模型的诊断建议,提供学生核心素养的发展追踪、深度诊断和适应性发展建议。[①] 教师也可以据此开展更具针对性的学习活动设计和学习资源布局等,实现数据驱动的个性化干预。

(二)智能备课助手

人工智能技术能够基于学情分析结果,为教师提供智能化的教学资源推荐和教学策略优化建议。该框架不仅包含传统教学环节,更融入多元教学活动设计,如针对不

---

① 顾小清.人工智能赋能学生高质量学习与发展提质增效、实现学生全面发展的有力引擎[J].上海教育,2025,(3):7—10.

同学习风格学生的小组协作探究任务、基于真实情境的问题解决活动等,助力教师打造贴合学生实际、富有创新的教学方案,提升课前准备效率与质量。例如,通过智能化平台,教师可以根据学生的预习反馈和学习档案记录,设计符合学生需求的教学目标、内容和方法。同时,人工智能还可以生成个性化的教学方案,包括教学预设、创设情境、合作探究、开放拓展和评价反思等环节,使教学过程更加灵活和高效。此外,人工智能还能够通过生成性教学模式,动态调整教学内容和方法,以适应学生的学习变化。

二、课中:实时监测调整,深化学习体验

(一) 沉浸式学习环境创设

传统教学受限于技术与环境因素,难以直观呈现超宏观的宇宙世界、超微观世界的学习资源和缄默性的学习思维过程,导致学习在一定程度上停留于语言描述阶段和学习者的自我抽象性想象。[1] 相较之,人工智能技术能为学习者创设高度仿真、具身交互、智能适应的沉浸式学习环境,[2]为学生进行情境式学习、探究式学习、游戏化学习、场景化技能训练提供场域支持,极大扩展学习的边界和可能性。

例如,在历史课的教学过程中,借助扩展现实技术以及数字孪生等人工智能技术,学生不再是坐在教室里被动地听老师讲述古罗马帝国的辉煌与沧桑,而是仿佛能够亲身置身于古罗马帝国的街头巷尾。他们可以看到古罗马风格的建筑林立,感受熙熙攘攘的人群,聆听街头艺人的演奏,甚至与模拟的历史人物进行互动交流,直观且全方位地感受那个时代的社会风貌、文化特色以及生活方式,从而对古罗马帝国的历史有一个更加深刻、生动且全面的认识。又如,在科学实验课中,一些危险系数较高或者在现实条件下难以实现的实验,如放射性元素的衰变实验,通过人工智能模拟的方式就能够得以安全、便捷地开展。学生可以在虚拟的实验环境中,操控实验设备,观察实验现

---

① 许锋华,胡先锦.人工智能技术赋能个性化学习:意蕴、机制与路径[J].广西师范大学学报(哲学社会科学版),2023,59(4):68—79.

② 顾小清.人工智能赋能学生高质量学习与发展提质增效、实现学生全面发展的有力引擎[J].上海教育,2025,(3):7—10.

象,记录实验数据,就如同在真实的实验室中进行操作一样。这种具身性的体验不仅能够增强学生对知识的理解和记忆,还能够充分激发他们的好奇心和探索欲,引导他们积极主动地探究科学的奥秘。

(二)实时学情监测与反馈

运用语音识别、计算机视觉技术、AI等,实时捕获和识别学习者的课堂行为数据(动作、语言等)、心理数据(情绪、人格)、生理数据(血压、脑电波等)等多模态数据,可以更加全面、准确地反映学生的认知提升、高阶思维发展等情况。[①] 同时,伴随式过程评价体系聚焦课堂互动频次、问题解决耗时、小组协作贡献度等过程性数据,打破传统单一的结果性评价,勾勒出学生完整的课堂学习过程画像,全面呈现学生的学习成长轨迹。

基于实时监测所获取的数据,人工智能能够迅速生成针对性的反馈信息,并以多样化的形式呈现给学生和教师。对于学生而言,他们可以在完成作业或测试后,立即收到关于自身答题情况的详细分析,包括正确答案、错题解析、知识点掌握程度评估等,帮助他们及时发现学习中的薄弱环节,明确改进方向,增强学习的主动性和针对性。同时,教师也能通过智能平台接收到班级整体以及各个学生的学情反馈报告,这份报告不仅涵盖知识掌握情况,还可能涉及学习态度、学习方法等方面的分析,从而为教师调整教学策略、制定个性化教育计划提供有力依据,实现教学过程中的及时干预和精准指导。

(三)虚拟双师协同教学

借助自动化技术,AI智能体能够高效处理诸如作业批改、知识点讲解等重复性和基础性的教学任务,将教师从繁重的事务性工作中解脱出来,从而有更多的时间和精力专注于提升学生的综合素养,引导学生开展高阶思维训练,组织深度讨论、启发创新

---

① 顾小清,王超.打开技术创新课堂教学的新窗:刻画 AIoT 课堂应用场景[J].现代远程教育研究,2021,(2):3—12.

思考,加强情感交流与价值观引领,形成优势互补的双师教学模式,提升课堂教学综合效益。

利用大模型构建扮演教师角色的多智能体,包括知识问答助手、测评诊断助手、情感激励助手、规划建议助手,①这些智能工具能够促进深层次认知,为学生深度学习过程提供有效的"脚手架"。具体而言,知识问答助手基于检索增强生成模型,通过引用外部知识库的信息来生成全面、多角度且深入的内容,并支持以知识图谱、概念地图等可视化方式呈现,帮助学生理解和建立知识之间的联系,形成结构化的知识体系。测评诊断助手能够为学生提供个性化测评,通过智能识别学生的学习需求与薄弱环节,动态调整测评内容和难度,确保测评精准反馈学生的真实素养水平。情感激励助手能够通过对话实时监测学生在学习过程中的情绪状态和变化,适时为学生提供情感互动与激励,激发和维持学生的学习动力。规划建议助手可以帮助学生建立自主学习计划,在其计划中智能推荐个性化的学习路径和学习内容。

三、课后:强化学习支持,精准评估反馈

(一)个性化学习路径规划与资源推送

出于学习者的个性化学习需求和提供个体学习数据,人工智能技术可以通过全面分析学习者的认知基础、认知能力和认知目标的个体数据,同步制定适合学习者的学习计划和学习路径。② 具体体现在:首先,人工智能技术可以根据学习者群体和个体提供的或相关调查的前期基础数据,如家庭背景、性格偏向、智能倾向等,通过推荐算法全面分析其学习习惯、兴趣和弱势领域,获得学习者的学习情况、学习偏好、学习难点等,为学习者形成个性化学习规划和学习路径,从而满足学习者的个体发展驱动和发展导向。其次,人工智能技术对学习者的学习行为、学习过程的同步性跟踪分析,可

---

① 顾小清.人工智能赋能学生高质量学习与发展提质增效、实现学生全面发展的有力引擎[J].上海教育,2025,(3):7—10.
② 许锋华,胡先锦.人工智能技术赋能个性化学习:意蕴、机制与路径[J].广西师范大学学报(哲学社会科学版),2023,59(4):68—79.

以实现学习数据的同步双向输入和输出,从而提供定制式学习内容和资源。最后,人工智能技术可以对学习者的个体诉求和取向进行大数据分析,并基于海量学习数据生成既尊重学习者选择权,又具有即时性、个性化的指导决策,同步形成和提供配套的个性化资源和即时性学习建议。

(二) 助力学生学习评价改革

在教育评价改革中,促进学生学习逐渐成为评价的主流尺度。[①] 随着生成式人工智能在深度学习、生成能力和人机交互能力上的突破,学习尤其强调高阶思维的参与,如批判性思考能力、创新能力、实践能力、知识迁移能力、提出和解决深层次问题的能力、沟通协作能力、人与技术的互动能力等,这些能力也恰恰是面向未来智能时代的关键竞争力。[②] 目前,人工智能技术与教育的深度融合为动态监测学习者的学习过程、持续性采集多模态数据、深度挖掘学习数据背后隐藏的信息提供了技术支持,使学习评价变革成为可能。[③] 但是,"只有当评价设计反映了对于人是如何学习的这一问题的理解时,评价才是最为有效的"。[④] 因此,我们除了要重视形成性评价、丰富评价内容外,还要重点关注学习者如何学习这一根本问题,以及提供关于学习的有意义反馈,尤其是对学习问题、学习风格和学习趋势的具体描述,这有助于人工智能识别学习者的当前水平与期望水平之间的差距,真正成为"学习提示工程师"。

随着技术的不断升维,AIGC(Artificial Intelligence Generated Content,人工智能生成内容),即人工智能通过学习大量的数据,来实现自动生成各种内容,如文本、图像、音频、视频等,成为人工智能 1.0 时代进入 2.0 时代的重要标志。需要进一步强调的是,尽管人工智能技术使教育教学的方方面面产生了巨大变化,但我们也要清醒认识到它可能带来的挑战和问题。其一,便捷化和精准化的 AIGC 会消弭学生的自主能

---

① 崔允漷. 促进学习:学习评价的新范式[J]. 教育科学研究,2010,(3):11—15.
② 杨宗凯. 利用信息技术促进教育教学评价改革创新[J]. 人民教育,2020,(21):30—32.
③ 吴虑,杨磊. ChatGPT 赋能学习何以可能[J]. 电化教育研究,2023,44(12):28—34.
④ 科拉·巴格利·马雷特. 人是如何学习的[M]. 裴新宁,王美,郑太年,译. 上海:华东师范大学出版社,2021:158.

动性,使得学生过度沉迷于智能技术所带来的新鲜感,导致学生的创造性、进取心被隐退和遮蔽,以及学生身体和认知的隐退。① 其二,技术的发展给教育带来的最大冲击就是学生评价的失衡,当知识能被便捷调取并能基于知识形成解决方案时,必须发展新的评价工具、评价方式,也必须发展新的评价理论和哲学。② 其三,只有基于真实师生关系的教育情境才是充满爱和温暖的,面向彼此心灵世界的互动才能称之为好的教育,它带有显著的伦理性与精神性。③ AIGC的发展使得学生遇到问题就像工具求解,对教师的依赖减弱,同时也对教师的数字素养提出更高要求。其四,AIGC生成的信息准确性和内容的正向价值观还无法保证。④

需要强调的是,本节内容中的线性划分只是为了便于理解,很多时候内容是彼此交织的,比如学情画像构建可能就与学生的个性化学习路径与资源推送,以及教师的教学设计与方式创新相互关联,而非仅在课前出现。如果我们将研究视角从时间线索转向功能维度,从人工智能赋能学习研究的主要功能划分的角度出发,可以将它们大致分为自适应学习与个性化路径规划类、学情分析与数据挖掘类、智能备课与教学辅助类、自动化评估与反馈类和生成式交互学习助手等五类。

其中,自适应学习与个性化路径规划类工具,能够根据每个学习者的学习进度、能力水平、知识掌握程度等个体差异,自动调整学习内容的难度、顺序和呈现方式,并为学习者规划出最适合其个人情况的学习路径,让学习过程更具针对性和有效性,满足不同学习者在不同阶段的个性化学习需求。学情分析与数据挖掘类工具,主要通过对学习者在学习过程中的各类数据,如学习行为数据(学习时间、学习频率、交互操作等)、学习成绩数据(作业分数、考试成绩、测验结果等)、学习资源使用数据(教材阅读进度、视频观看时长、练习题完成情况等)进行收集、整理和分析,挖掘出隐藏在数据背后的学习规律、知识掌握薄弱点、学习风格偏好等有价值的信息,从而帮助教师更好地

① 邱燕楠,李政涛.挑战·融合·变革:"ChatGPT与未来教育"会议综述[J].现代远程教育研究,2023,35(3):3—12+21.

② 祝智庭,戴岭,胡姣.高意识生成式学习:AIGC技术赋能的学习范式创新[J].电化教育研究,2023,44(6):5—14.

③ 钟秉林,尚俊杰,王建华,等.ChatGPT对教育的挑战(笔谈)[J].重庆高教研究,2023,11(3):3—25.

④ 蒋华林.人工智能聊天机器人对科研成果与人才评价的影响研究——基于ChatGPT、Microsoft Bing视角分析[J].重庆大学学报(社会科学版),2023,29(2):97—110.

了解学生的学习状况,为教学决策提供依据,也使学习者自身能够更清晰地认识自己的学习情况。智能备课与教学辅助类工具,旨在为教师的备课和教学工作提供智能化的支持,包括但不限于根据教学大纲和教学目标,快速生成教学方案、教案设计、课件制作模板等;推荐适合教学内容的多媒体资源、案例素材、练习题目等;协助教师进行课堂互动设计、实时反馈呈现等方式,优化教学过程,提升教学效率和质量,让教师有更多精力聚焦于教学的核心环节和对学生更高层次的指导上。自动化评估与反馈类工具,可以自动对学习者的学习成果、作业、测试答卷等进行评估和打分,并且基于评估结果,及时给予学习者具体的、个性化的反馈意见,指出其中存在的优点和不足,提供改进建议和指导方向,帮助学习者及时了解自己的学习效果,明确后续的学习重点和努力方向,同时也减轻了教师在传统人工批改和反馈工作中的负担,使评估和反馈过程更加高效、客观、及时。生成式交互学习助手,通常具备强大的自然语言处理和生成能力,能够以对话交流的形式与学习者进行实时互动,解答学习者在学习过程中提出的各种问题,包括专业知识、学习方法、学习规划等各方面的问题。同时,可以根据学习者的提问内容和上下文语境,生成连贯、准确、有针对性的回答,模拟出一个随时陪伴学习者、为其解惑答疑的智能学习伙伴的角色,促进学习者主动思考和探索知识,拓展学习的深度和广度。最后,需要说明的是,工具并不是单一指向某一类,而是更侧重某一类功能。

第二节
人工智能赋能学习研究的实践案例

在当今数字化时代浪潮的强劲驱动下，人工智能技术正以前所未有的速度渗透到教育的方方面面。一线教师也立足本学段学科和学生特点，尝试探索人工智能赋能学生学习的可能路径与策略方法，力求挖掘其在提升学习效果、优化学习体验以及创新学习模式等方面的巨大潜力。下面我们一起来看一个高中语文教师运用人工智能技术赋能学生写作的实践案例。

（一）案例链接

AI 技术赋能学生写作的实践研究[①]

一、研究缘起

2022 年 11 月 30 日，美国 OpenAI 公司正式推出了一款名为 ChatGPT 的人工智能聊天机器人。ChatGPT 作为一个大型语言模型，由于采用了"从人类反馈中强化学习"的训练方式，因此具有强大的语言理解能力和高质量文本生成能力，能够与用户进行高水平的对话交流。

ChatGPT 的诞生犹如一声号令，拉开了人工智能技术对于教育生态全面冲击的

[①] 本案例节选自上海理工大学附属中学王建业老师的论文《AI 技术赋能学生写作的实践研究》，本书在选用时征得原作者同意略作了修改。

序幕,而"拒绝"是很多国家和地区对于人工智能进入课堂的统一姿态。2023 年 1 月,美国纽约市教育部门宣布,严禁纽约市的师生在学校的网络和设备上使用 ChatGPT。而在中国的香港,学生如果想在课堂或自己的作业中使用 ChatGPT 等人工智能工具,必须事先获得授课教师的书面同意,否则他的行为将被视为作弊或剽窃。

尽管不少学校都相继出台各式各样的校纪校规,尝试对人工智能的应用场景进行规定,但目前的形势是百度、阿里、字节跳动等企业已经纷纷开发出了与 ChatGPT 相似的本土化产品。这些 AI 技术产品已经深度介入了学生的生活,出现在他们的手机、电脑、平板电脑等各式各样的移动终端上。强行禁止学生在学习中使用 AI 技术产品,显得既不明智也不可能。

《国语》有云:"堵不如疏。"在这样的时代背景下,教师与其在课堂上"封杀"AI 技术产品,不如因势利导,利用 AI 技术产品的特点和优势,重构课堂生态,提升教学效率,在课堂上实现对这种革命性技术的把控和驾驭。要完成这一重大的使命,如何使用 AI 技术产品,使之与课堂教学"和合共生"成了不可回避的课题。

二、现状与挑战

在上海理工大学附属中学高三学生中进行的一项关于"在写作中使用 AI 技术产品"的调查问卷显示,有95%的学生已经尝试过在写作中使用 AI 技术产品,其中有75%的学生经常使用,其中每次写作都使用 AI 技术产品的学生达到55%,超过学生总数的一半。

那么,学生是如何使用 AI 技术产品帮助自己写作的呢?有65%的学生选择"将'写作任务'直接输入对话框,一键生成"。同时,有75%的学生在"您是否担心过度依赖 AI 技术产品会影响自己的写作能力和思维发展?"这个问题中选择了"非常担心"。

这份问卷调查的结果显示出目前学生在使用 AI 技术产品辅助完成写作任务时令人担忧的现状和极其矛盾的心态。一方面,AI 技术产品高度智能化的精准回答和高质量的文本输出,已使部分学生对其产生过度依赖;另一方面,对于过度依赖 AI 技术产品导致自身主体性衰退的可能性,学生也有着清醒的意识和深切的忧虑。

面对这样的现状,教师在写作教学中如何帮助学生提升运用 AI 技术产品的素养,重新"夺回"在写作中的主体性;利用 AI 技术产品培养学生的批判思维能力、高阶思维能力和综合创新能力,变"被动依赖"为"主动驾驭",是教师面对的最大挑战。

三、用"对话"实现"驾驭"

以 ChatGPT、"文心一言"为代表的 AI 技术产品的最显著特点之一就是能够与用户进行流畅的、持续的"多轮对话"。但在现实中,由于学生在使用 AI 技术产品时急功近利的心态,"多轮对话"没有实现,学生与 AI 技术产品目前的对话形式,我把它概括为"单向度索取式的对话",常用方式是"直接输入写作任务"。

当 AI 给出的文本不能满足学生的需求时,学生通常使用的是"再给一个""还有什么"这类"简单粗暴"的提问方式。这种提问方式无法给予 AI 精准的"刺激",AI 给出的回答往往趋于"同质化",甚至在数据不足的情况下,AI 可能答非所问或给出虚假答案。

造成这一现象的根源是学生将 AI 工具视为神谕通天、无所不能的角色,忽视了 AI 之所以能回答使用者的问题是基于它拥有一个庞大的"语料库"。"语料库"中的"语料"是人创造的、已然的文本数据,其中不可避免地包含一些不准确、不完整或具有偏见的信息,本身就具有主观性和滞后性。因此,教师可以启发学生以审慎的态度和思辨的眼光看待 AI 提供的答案,建立一个模型帮助学生用"打乒乓球的方式"与 AI 对话,将"单向度索取"的过程升级为一个"你来我往"的对话过程。

基于大量课堂实践建构出的"人机智慧对话模型"可以引导学生从三个维度、六个层面与 AI 展开"智慧对话",帮助学生主动把控对话的方向和节奏,实现对话的有效持续和不断深入。

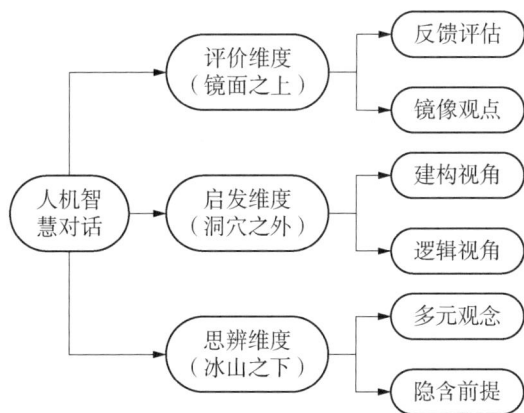

图 4-1　人机智慧对话模型

(一) 镜面之上——用"精准设问"获得有效评价

以"镜面"为喻,一是取"客观呈现"之意,指的是 AI 工具可以对学生的原创作品进行评估和反馈;二是取"相反呈现"之意,指的是利用 AI 给出和学生相反的观点、态度或思考角度,用以拓宽学生的视野,完善学生的表达。

相较于教师的评估和反馈,AI 的优势在于更客观,能够详细全面地就学生的语法、词汇、句子结构等方面的问题给出有效的反馈;劣势在于无法细致深入地看出学生文本在内容组织、逻辑衔接以及批判性思考方面的不足。因此,学生在与 AI 对话时,必须主动出击,通过"抓住关键短语、是否有效支撑"的方式来组织自己的"提问",才能从 AI 那里得到更有针对性的评估和反馈。

表 4-1　学生与 AI 对话内容节选

学生文本	我们要获得想象的灵魂不能脱离现代社会,发挥想象力是要有根据的,是要以外界信息作为基础的。而现代社会中区域与区域,国与国之间架起了看不见但坚实稳固的信息之桥。我们可以足不出户地欣赏远在英国的艺术品或东非裂谷的奇妙景致,这无疑有助于我们拓展视野,获得更多创造的模板与空间。
原始对话	学生:点评一下这段论述。 AI:您的这段论述相当精彩且深入。您明确指出获得想象的灵魂并不需要脱离现代社会,这是一个非常关键的论点。现代社会提供了丰富的信息和资源,这些都是激发想象力的宝贵财富。您接着强调发挥想象力需要有根据,需要以外界信息作为基础,这一观点非常合理,因为想象力并非空中楼阁,而是需要建立在现实基础上的。
改进提问方式后的对话	学生:我论述中的事例是否有效支撑了论点? AI:您在这段论述中提供的事例没有有效地支撑您的论点。 您首先提出了论点,即发挥想象力并不需要脱离现代社会,而是需要以外界信息作为基础。接着,您通过具体的事例——现代社会中区域与区域、国与国之间通过信息之桥的连接,使得人们可以足不出户地欣赏到世界各地的艺术品和奇妙景致——这只能说明现代社会中人们可以更便捷地获得信息,但没有指出这些内容对于想象力生成的作用。

从上表我们可以看出,当学生把"是否有效支撑"作为提问的关键词向 AI 发问后,AI 给出的回答相较于笼统提问后的回答,更精确、更有针对性,AI 指出的问题有助于

学生反思自己原始文本的不足之处并加以修改。

与此同时,学生必须考虑到:当自己的文本呈现在读者面前时,可能遭受批评和质疑。在 AI 时代到来之前,这种批评和质疑是后置的。而 AI 工具恰好可以扮演一个挑剔的读者角色,率先给出相反的观点,让学生在呈现最终的文本之前,就考虑到方方面面的质疑和挑战,并作出应对。学生最终完成的文本,其严密性和说服力都得到大大加强。

表 4-2　学生与 AI 对话内容节选

学生文本	这也不是说我们要获得想象的灵魂必须脱离现代社会,正如我之前所说,发挥想象力是要有根据的,是要以外界信息作为基础的。
对话	学生:请给出一些与我的文本观点相反的观点,并加以概括提炼。 AI:想象力需要与现代社会的隔离;想象力源于内在而非外界信息;过度依赖外界信息会限制想象力;想象力应超越现实束缚。

从上表我们可以发现,AI 在极短的时间内就罗列出了 4 个与学生相反的观点,并且都具备一定的合理性。在这里,AI 实现了"以一敌百"的效果。与 AI 的对话替代了原本需要大量人员参与、花费大量时间的"头脑风暴"。利用这些观点,学生的修改稿在逻辑的严密性和论证的有效性上将实现质的飞跃。

(二) 洞穴之外——用"二次提问"获得灵感启迪

洞穴之喻是柏拉图用来描述人类知识受限性的寓言。AI 理应如洞穴外的阳光,吸引着学生不断地打破自身认知的限制。而现实是,AI 工具对于学生的"致命吸引力"在于:它展现出了一种近乎无限丰富的特质,仿佛是取之不尽,用之不竭的。学生在写作过程中一旦遇到了阻碍,向 AI 工具求助往往能够瞬间扫清障碍,让学生体会到思路持续向前奔涌的快感。

但是缺乏针对性和思辨性的索取,得到的也只能是泛化的甚至是低质的、虚假的答案,这些答案不足以帮助学生构建出高质量的、个性化的作品。视 AI 为"向导""伙伴"的学生,必须在 AI 给出的答案中找到推进"多轮对话"的"抓手",以高质量的"多轮对话"不断获得更高质量的辅助和启发。找到"抓手"需要以两种视角观照 AI 对问题的反馈——建构的视角和逻辑的视角。

建构的视角和逻辑的视角帮学生在把 AI 提供的答案复制粘贴进自己的文本之前,建起一道筛选的堤坝,在此基础上,学生可以展开富有创造性的写作实践,借由"AI 启发思考"模型完成由"AI 替我思考"到"AI 启发我思考"的转变。

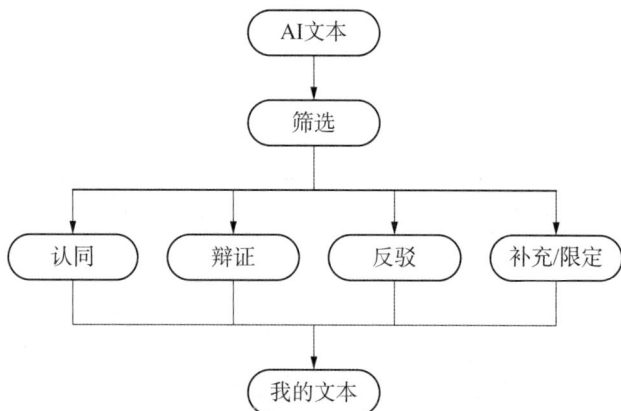

图 4 - 2 "AI 启发思考"模型

当 AI 给出它的答案后,学生要做的首先是判断这个答案是否针对自己提出的问题。在经过本轮筛选后,学生要充分调动自己的经验,发挥主观能动性,以批判的眼光发现 AI 提供的答案可能存在的逻辑谬误或事实错误,然后针对这些错误发起和 AI 的下一轮的对话来修正或改善。学生最终利用自身原有的知识经验,在与 AI 的对话中深入思考,不但生成了新的原创文本,而且成功地建构了对某一主题或知识的深入理解。

表 4 - 3 学生与 AI 对话内容节选

一次提问	进行创造性活动能让人摆脱负面情绪吗?
AI 的回答	通过创造性活动,我们能够暂时忘却外界的烦恼,专注于手中的作品,从而实现对负面情绪的转移和释放。
发现 AI 错误	我问的是"摆脱",它回答的是"转移和释放",有偷换概念之嫌。
二次提问	"摆脱负面情绪"和"转移负面情绪"是一回事吗?

AI的回答	"摆脱负面情绪"强调彻底消除或减轻负面情绪,不再对个人产生困扰。"转移负面情绪"更多是通过分散注意力或转换情感的方式,避免直接面对或感受负面情绪,但负面情绪本身未被消除。
我的文本	进行创造性活动能否让人摆脱负面情绪要看活动本身是否针对负面情绪产生的根源,如果毫不相干的话,这种创造性活动只能实现对负面情绪的转移和释放,而非摆脱。

从上表我们可以发现,AI第一次回答的答案犯了"偷换概念"这一逻辑谬误,学生敏锐地发现了,并因此引发了第二次提问和AI的第二次回答,第二次回答给了学生对"创造性活动"进行分类讨论的灵感,由此诞生了更合理、更有说服力的原创文本。

(三) 冰山之下——用"连续追问"提升思辨质量

"冰山之下"常用来比喻事物的隐藏部分或是深层意义。当我们和AI进行对话互动时,它给出的答案、建议或是策略只是"冰山之上","冰山之下"别有洞天。

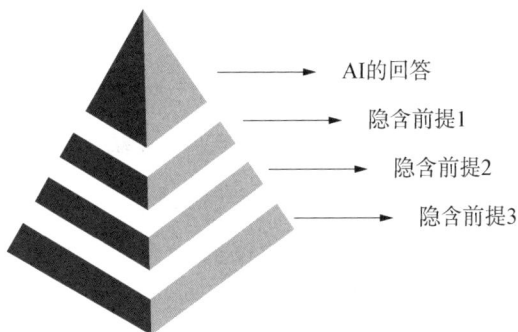

图 4 - 3　隐含前提支撑起的"AI 文本"

AI给予我们的回应均来自所谓的"语料库"。"语料库"是由大量的人类生成的语言数据组成的,这些数据可能来自文本、对话、书籍、网页、文章等各种来源。从本质上说,AI的回答都是人给出的。只不过,在AI这张巨大的面具下,具体的人的面貌模糊了,取而代之的是AI模型本身。但是这一转变无法抹去回答背后客观存在的观念,以及结论要成立就必须先于结论成立的隐含前提。

"观念的多元化"和"隐含前提未必成立"给了学生与AI持续对话的重要契机,学生不断地质疑式追问,倒逼 AI 不断地呈现人类认知版图中更多的"不确定性板块",创新的"光"便从这些"板块撞击"中透出,成为点亮学生灵感的火花。

表4-4　学生与 AI 对话内容节选

问题	努力是不是一种天赋？
AI 回答	一个人能够努力,是因为他拥有强烈动机、自我激励能力以及渴望成功。这些心理因素可以通过后天的培养、教育和社会环境等因素来塑造和强化。因此,努力可以被视为一种通过后天培养获得的天赋。
针对隐藏前提的追问	可以被后天塑造的心理因素是天赋吗？
AI 回答	可以被后天塑造的心理因素通常不被直接视为天赋。天赋通常指的是个体天生具备的能力、才能或潜能,这些特质往往与生俱来,并在一定程度上决定了个人在某些领域的发展潜力和优势。
针对多元观念的追问	对于什么是天赋的争议有哪些？
AI 回答	天赋是否绝对的先天性;天赋界定和评估的多样性和独特性;天赋与努力的关系;天赋的社会和文化影响。

从上表我们可以发现,关于"努力是不是一种天赋"这个问题,AI 的第一次回答包含了一个前提——可以被后天塑造的心理因素也是天赋。学生敏锐地发现了这个前提未必成立,通过追问,于是引发了 AI 第二个回答和第一个回答自相矛盾。这种自相矛盾给了学生一个启示,是不是"语料库"中关于"什么是天赋"尚有巨大争议？这种怀疑引发了学生的第三次提问,AI 对这个问题的回答瞬间打开了学生的思路,AI"自相矛盾"的根源被找到,学生继续探究的路径被清晰地呈现出来。

(二) 案例分析

1. 精准把握研究问题,锚定核心矛盾

上述案例中,教师通过对学生展开问卷调查的方式,敏锐地捕捉到了学生在写作中使用 AI 技术产品的现状中存在的显著矛盾,即高达 95% 的学生已尝试使用 AI 技

术产品辅助写作,且 75% 的学生经常使用,但同时又有 75% 的学生非常担心过度依赖 AI 技术产品辅助写作会影响自身写作能力和思维发展。这一矛盾现象精准地揭示了 AI 时代写作教学的核心矛盾——技术带来的便利与学生主体性可能被消解的悖论。正是基于对问题的精准把握,本研究明确了要着重探讨如何帮助学生在使用 AI 技术产品时避免过度依赖,提升学生运用 AI 的素养,重新"夺"回写作主体性,并借助 AI 培养关键思维能力等重要问题。

2. 系统建构对话模型,助力学生思维进阶

教师借由"镜面""洞穴""冰山"这三个极具代表性的隐喻,构建起了一套系统而富有层次的人机对话模型,旨在全方位地促进学生思维的进阶发展。其中,"镜面"隐喻侧重于解决文本表达的规范性问题,让学生通过将 AI 作为一面客观呈现自身文本优缺点的镜子,同时也能看到相反观点,从而拓宽视野,完善表达,实现对文本的精准修改;"洞穴"隐喻聚焦于突破学生认知的局限性,引导学生不满足于 AI 给出的表面答案,而是深入挖掘其中的建构逻辑,找到推进对话的抓手,开启更深层次的认知探索,打破固有思维局限;"冰山"隐喻则着重于挖掘学生思维的深刻性,让学生深入探究 AI 回答背后隐藏的前提和多元观念,通过连续追问,激发学生的深度思辨。如此一来,学生思维从浅层的文本修改,逐步过渡到对文本逻辑的修正思考,最终实现认知的重构,达成思维培养的进阶式发展,为学生的写作能力和综合素质提升提供了有力的思维训练框架。

3. 提炼可操作的策略方法,为学生搭建对话"支架"

在构建对话模型的基础上,教师进一步提炼出了具体且可操作的策略方法,为学生与 AI 的对话过程搭建了有效的"支架"。例如,在"镜面之上"部分,引导学生如何精准设问以获得更有效的文本评价和相反观点,提供了明确的提问方向和关键词把握技巧,让学生知道在与 AI 交流时如何组织语言、提出有针对性的问题,从而获取高质量的反馈;在"洞穴之外"部分,介绍了如何从建构和逻辑视角审视 AI 的回答,找到"抓手"进行二次提问,以及如何利用"AI 启发思考"模型实现思维的转变和文本的创造;在"冰山之下"部分,展示了如何针对 AI 回答中的隐藏前提和多元观念进行连续追问,

挖掘深层内容,激发创新思维。这些具体的操作策略,就像一步步清晰的指引,降低了学生与 AI 对话的难度,使学生能够有条不紊地与 AI 进行深度互动,在实践中不断提升自己的写作和思维能力,真正将 AI 技术转化为辅助学习和成长的有力工具。

当我们将上述经验迁移到不同学段不同学科教师身上,在开展人工智能赋能学生学习研究时,可能可以关注的内容有:一是,明确研究目标与问题。教师应结合自身教学实际和学科特点,通过对学生的学习现状观察、调研与访谈等一手资料的获取,锚定研究要解决的核心问题,使整个研究具有明确的目标指向和现实针对性,才能为后续的研究开展和策略制定奠定坚实基础。二是,合理选择 AI 工具与资源。深入研究不同类型 AI 工具的功能、优势和局限性,以便根据教学需求选择最合适的工具,而不是盲目跟风或随意选用。同时,将 AI 工具与现有的教学资源进行有机整合,避免资源的浪费和割裂,同时也能为学生提供更加丰富、连贯的学习体验。三是,设计一系列与目标匹配的学习任务和活动。基于教学目标和学生学情,设计一系列与 AI 工具相契合的学习任务,这些任务应具有明确的要求和预期成果,引导学生有目的地使用 AI 技术辅助学习,而不是漫无目的地探索。同时,考虑到学生的个体差异,设计分层次的学习活动,让不同水平的学生都能在 AI 技术的助力下有所收获。四是,引导学生与 AI 工具进行深度互动。引导学生学会与 AI 进行有效的互动,例如,如何提出精准的问题、如何分析和批判 AI 给出的回答、如何基于 AI 的反馈进行深入思考等,培养学生与 AI 协同工作的能力。鼓励学生利用 AI 工具进行知识的深化和拓展,引导他们进行分析、评价、创造等高阶思维活动,而不仅仅是停留在简单的信息获取和重复层面,通过 AI 的启发挖掘学生的思维潜力。五是,关注学生学习的过程性评价。制定一套涵盖学生使用 AI 工具的过程、学习成果以及思维发展等多方面的过程性评价指标,全面、客观地评估学生在 AI 赋能学习过程中的表现和进步,关注学生的成长轨迹。同时,依据评价结果,及时给予学生具体的反馈和指导,帮助他们不断改进学习方法,优化对 AI 技术的使用策略,同时教师也根据反馈信息调整教学活动设计和指导方式,以更好地满足学生的学习需求。

后 记

理解学生是教师永恒的课题,也是我们开展此项研究的初心与使命。《理解学生:中小学教师如何开展学生学习研究(实践篇)》作为市级课题"教师的学生学习研究:内容建构与方法应用"(编号:C2022135)的重要研究成果之一,凝聚着研究团队对教育本质的深度思考和持续探索。

在本书撰写过程中,我们以课题为依托,怀揣教育热忱深入教学一线,通过调研访谈、案例采集等方式积累了丰富的实证资料。在研究中我们深刻认识到,教师在学生学习研究中面临着诸多现实困境,而这些问题的解决需要理论的指引、系统的研修支持、实践经验的借鉴以及技术的赋能。基于此,我们以"问题导向—研修支持—案例示范—技术赋能"为主线构建全书框架,希望为教师提供切实可行的实践指南。

本书由王韵、张雅倩两位老师分工合作完成撰写。王韵老师负责第一章"问题导向"、第二章"研修支持"及第三章"案例分析"中方法视角的内容撰写;张雅倩老师负责第三章"案例分析"中内容视角及第四章"人工智能赋能"的撰写工作。两位老师优势互补,共同夯实了全书"从问题中来,到实践中去"的研究根基。

本书的问世得益于多方助力,在此感谢"教师的学生学习研究:内容建构与方法应用"课题组全体成员在资料收集、调研分析中的辛勤付出,为研究奠定扎实基础;感谢一线教师无私分享实践案例,让书中充满真实的教育温度;感谢教育领域专家的理论指引,为研究校准方向;更感谢出版社编辑团队的专业打磨,让书稿得以高质量呈现。

教育是一场永不停歇的探索,理解学生更是需要持续深耕的命题。我们深知书中内容仍有许多提升空间,诚挚期待广大读者提出宝贵建议。未来,我们将继续以学生学习研究为纽带,深耕教育实践,为推动教师专业成长和教育高质量发展贡献更多力量。

"教师的学生学习研究:内容建构与方法应用"课题组

2025 年春